Demonología:
Desenmascarando al enemigo

José Manuel Sierra

Demonología:
Desenmascarando al enemigo

José Manuel Sierra

Las citas bíblicas están tomadas de la traducción Reina Valera revisión de 1960 mientras no se especifique otra.

Título: *Demonología: Desenmascarando al enemigo*
Autor: José Manuel Sierra Páez
E-mail: mividanueva@mividanueva.org

Edita: Sarai Fernández Rodríguez
E-mail: edicionessarai@gmail.com

© José Manuel Sierra, 2020

ISBN: 9798708868060

"Porque las armas de nuestra milicia no son carnales, sino poderosas en Dios para la destrucción de fortalezas, derribando argumentos y toda altivez que se levanta contra el conocimiento de Dios, y llevando cautivo todo pensamiento a la obediencia a Cristo".
2ª Corintios 10:4-5

Índice

Prólogo

Felicito al Pastor José Manuel Sierra por la decisión de escribir este libro de Demonología. Tal vez uno de los temas que más controversia ha causado en el cristianismo de este último siglo.

Una vez más, el Pastor José Manuel nos abre su corazón para poner en nuestras manos un material, fruto de años de investigación y estudio de las Sagradas Escrituras sobre este tema: su realidad, como funciona y como nos afecta cuando lo ignoramos. Y lo más importante de todo, como experimentar la libertad que Cristo ganó para nuestras vidas en la cruz del calvario.

Pastor Freddy Fernández

Canal de Youtube:
"Reformados En Línea".

9

Introducción

Existe un mundo espiritual que es tan real como el mundo físico que podemos ver con nuestros ojos, en el cual nos movemos los seres humanos. No debemos tener la más mínima duda de que el mundo espiritual existe. Hay muchísima información en la Biblia, desde el primer libro hasta el último, donde podemos ver la realidad de ese mundo espiritual. Los ángeles, los serafines, los querubines, los demonios, el mismísimo Satanás... todo eso forma parte del mundo espiritual. Mundo que no podemos ver salvo raras excepciones en las que el Señor nos permite verlo, vivirlo, e incluso hasta involucrarnos en él de una manera u otra. Pero lo que está muy claro es que el mundo espiritual no es ciencia ficción, es una realidad.

Y es un mundo espiritual que está controlado, por supuesto, por Dios. Todo siempre está bajo la cobertura, la supervisión y el control de Dios. Él es quien controla ese mundo espiritual. Él es el que permite o impide ciertas y determinadas, digamos, actuaciones o manifestaciones por parte de ese mundo espiritual que, como bien saben ustedes, está dividido en dos: por una parte, tenemos el reino de las tinieblas, cuyo príncipe es Satanás, y por otra el Reino de luz, donde nuestro Señor Jesucristo reina. Hay toda una estructura de jerarquía que aparece muy bien explicada en la Biblia, pero sobre todo en el capítulo seis de la carta a los Efesios, donde el Apóstol Pablo habla de principados, potestades, gobernadores de las tinieblas, huestes espirituales de maldad, etc.

Además, en ese capítulo, el apóstol Pablo menciona que los cristianos debemos vestir la armadura de Dios y hace una descripción de los elementos que la componen. La palabra "escudo", "yelmo", "coraza", "espada", ¿por qué utiliza estos términos? Porque son palabras que nos ayudan a entender la realidad del mundo espiritual. Mundo que está constantemente en una batalla sin cuartel. Y siempre antes de una portentosa y maravillosa intervención de Dios en la historia, ese mundo espiritual, si me permiten digamos que se revoluciona. Observen por ejemplo todo lo ocurrido antes de la liberación del pueblo de Israel de Egipto (*cf.* Éxodo 13). Las cosas que ocurrieron en lo natural y en lo espiritual, ocurrieron porque ahí se encontraba Dios derribando toda la idolatría y el paganismo de Egipto ante los ojos de su pueblo, Israel.

Otro ejemplo fue cuando nació el Señor Jesucristo, cuando los ángeles aparecían, etc. También tenemos otro en el libro de Apocalipsis, con la cantidad de manifestaciones de ángeles, de demonios, etc. Las cuales tienen que ver con los acontecimientos finales, con estos tiempos en los cuales estamos viviendo.

Por lo tanto, que el Señor nos de sabiduría y discernimiento espiritual, para que sepamos en todo momento saber actuar con autoridad. Y a no tener miedo, para que no actuemos por ignorancia diciendo "eso no existe", y de esa manera nos lavemos las manos y le echemos la culpa a cualquier otra cosa. Como Iglesia del siglo XXI, debemos estar preparados y capacitados; y mucho más los ministerios de este tiempo, pues tienen que saber cómo enfrentarse a las tinieblas en el nombre de Jesús. Debemos ser conscientes de que este mundo espiritual de las tinieblas ya ha sido derrotado por Cristo en la cruz del Calvario, pues lo exhibió públicamente y los humilló a través de su resurrección al tercer día.

Por ello, la Iglesia, que es su embajadora, la representante por así decirlo de Cristo en la tierra, su Cuerpo, su amada Iglesia, tiene que saber cómo armarse y cómo actuar ante estas situaciones que a veces se dan en las congregaciones o fuera de ellas.

Leamos las palabras que tienen que ver con el subtítulo y con el tema del libro: "Desenmascarando al enemigo". Creo que es bueno que sepan la definición de estas palabras, ya que las voy a estar desarrollando a lo largo de los siguientes capítulos.

La palabra "desenmascarar" tiene varios significados:
1. Primero: "Quitar la máscara o el antifaz de alguien".
2. Segundo: "Descubrir la verdadera manera de ser de alguien, dando a conocer los verdaderos propósitos, objetivos o sentimientos que intenta esconder" (esta es un poquito más extensa y profunda).

3. Tercero: "Desenmascarar" también es "descubrir la esencia o la identidad de algo o de alguien".
4. Cuarto: "Desenmascarar" también es "hacer pública la realidad oculta de una persona o cosa. La realidad que está oculta".

> Sinónimos de la palabra "desenmascarar": Descubrir, destapar, revelar, mostrar, denunciar, etc.

Como acabo de mencionar, el objetivo de este libro es "desenmascarar al enemigo". Entonces, por eso creo que también es bueno tener la definición de la palabra "enemigo":

1. Primero: "Enemigo" es "alguien que se opone o es contrario a algo o a alguien".
2. Segundo: "Persona que tiene mala voluntad hacia otra y le desea o hace el mal".
3. Tercero: "El enemigo es contra quien se pelea en una guerra. No se pelea contra el amigo".
4. Cuarto: El "enemigo" es la "persona o grupo que se opone a otra, ya sea por sus ideas, pensamientos, actividades, o por cualquier otro motivo".

> Sinónimos de la palabra "enemigo": Adversario (que también aparece en la

Biblia), contrario, rival, contrincante, oponente, etc.

También hemos leído la palabra "retaguardia". La "retaguardia" es la parte de un ejército que tiene una fuerza desplegada que avanza desde la parte trasera o que se mantiene más alejada del enemigo. La "retaguardia" también es la zona más alejada del frente de toda zona ocupada por el enemigo.

➢ Sinónimos de "retaguardia": Detrás, posterior, final, etc.

"Desbaratar" significa: "Deshacer o arruinar algo".

Capítulo 1: El origen del mal: donde comenzó todo

Primeramente, antes de comenzar el tema que voy a tratar en este capítulo, me gustaría que leamos Génesis capítulo 3, versículo uno en adelante:

"Pero la serpiente era astuta, más que todos los animales del campo que Jehová Dios había hecho; la cual dijo a la mujer: ¿Conque Dios os ha dicho: No comáis de todo árbol del huerto? Y la mujer respondió a la serpiente: Del fruto de los árboles del huerto podemos comer; pero del fruto del árbol que está en medio del huerto dijo Dios: No comeréis de él, ni le tocaréis, para que no muráis. Entonces la serpiente dijo a la mujer: No moriréis; sino que sabe Dios que el día que comáis de él, serán abiertos vuestros ojos, y seréis como Dios, sabiendo el bien y el mal. Y vio la mujer que el árbol era bueno para comer, y que era agradable a los ojos, y árbol codiciable para alcanzar la sabiduría; y tomó de su fruto, y comió; y dio también a su marido, el cual comió así como ella. Entonces fueron abiertos los ojos de ambos, y conocieron que estaban desnudos; entonces cosieron hojas de higuera, y se hicieron delantales. Y oyeron la voz de Jehová Dios que se paseaba en el huerto, al aire del día; y el hombre y su mujer se escondieron de la presencia de Jehová Dios entre los árboles del huerto. Mas Jehová Dios llamó al hombre, y le dijo: ¿Dónde estás tú? Y él respondió: Oí tu voz en el huerto, y tuve miedo, porque estaba desnudo; y me escondí. Y Dios le dijo: ¿Quién te enseñó que estabas desnudo? ¿Has comido del árbol de que yo te mandé no comieses? Y el hombre respondió: La mujer que me diste por compañera me dio del árbol, y yo comí. Entonces Jehová Dios dijo a la mujer: ¿Qué es lo que has hecho? Y dijo la mujer: La serpiente me engañó, y comí. Y Jehová Dios dijo a la serpiente: Por cuanto esto hiciste, maldita serás entre todas las bestias y entre todos los animales del campo; sobre tu pecho andarás, y polvo comerás todos los días de tu vida. Y pondré enemistad entre ti y la mujer, y entre tu simiente y la simiente suya; ésta te herirá en la cabeza, y tú le herirás en el calcañar. A la mujer dijo: Multiplicaré en gran manera los dolores en tus preñeces; con dolor darás a luz los hijos; y tu deseo será para tu marido, y él se enseñoreará de ti. Y al hombre dijo: Por cuanto obedeciste a la voz de tu mujer, y comiste del árbol de que te mandé diciendo: No comerás de él; maldita será la tierra por tu causa; con dolor comerás de ella todos los días de tu vida. Espinos y cardos te producirá, y comerás plantas del campo. Con el sudor de tu rostro comerás el pan hasta que vuelvas a la tierra, porque de ella fuiste tomado; pues polvo eres, y al polvo volverás. Y llamó Adán el nombre de su mujer, Eva, por cuanto ella era madre de todos los vivientes. Y Jehová

Dios hizo al hombre y a su mujer túnicas de pieles, y los vistió. Y dijo Jehová Dios: He aquí el hombre es como uno de nosotros, sabiendo el bien y el mal; ahora, pues, que no alargue su mano, y tome también del árbol de la vida, y coma, y viva para siempre. Y lo sacó Jehová del huerto del Edén, para que labrase la tierra de que fue tomado. Echó, pues, fuera al hombre, y puso al oriente del huerto de Edén querubines, y una espada encendida que se revolvía por todos lados, para guardar el camino del árbol de la vida" (Gn. 3:1-24).

Adán y su mujer se encontraban en el jardín del Edén, ¿dónde se encuentra el jardín del Edén? Se cree que se encuentra en Turquía, en el norte de Siria, cerca de una ciudad llamada _Gobekli._ La razón por la cual se cree que se encuentra allí es porque en _Gobekli_ descubrieron una de las ciudades más antiguas del mundo. Y precisamente ahí es donde se encuentra el lugar al que hace mención el profeta Isaías cuando dice "los hijos del Edén", refiriéndose a un lugar cercano a Tel-asar: _¿Acaso libraron sus dioses a las naciones que destruyeron mis antepasados, a Gozán, Harán, Resef y a los hijos de Edén que moraban en Telasar?_ (Is. 37:12).

Además, los ríos que se mencionan en el Génesis se encuentran en Turquía. Los cuales son cuatro ríos llamados: _Pisón, Gihón, Hidekel_ y _Éfrates._ Por lo tanto, se cree que es ahí donde está el Edén. Aunque existe otra teoría la cual menciona que se encuentra en Kuwait, pero es más probable que sea en Turquía.

En Génesis capítulo 3, podemos ver de qué manera el ser humano cae de la gracia de Dios. En Génesis 2:23

habla de lo que era el hombre y la mujer, varón y varona, pero en este capítulo es donde vemos su caída y la razón por la cual estos cayeron.

> **Génesis 2:15-17:** *"Tomó, pues, Jehová Dios al hombre, y lo puso en el huerto de Edén, para que lo labrara y lo guardase. Y mandó Jehová Dios al hombre, diciendo: De todo árbol del huerto podrás comer; mas del árbol de la ciencia del bien y del mal no comerás; porque el día que de él comieres, ciertamente morirás".*

A continuación, estudiaremos algunos principios como el árbol de la ciencia del bien y del mal. Si se fijan en este pasaje, a la ciencia se la considera como conocimiento.

Una vez alguien me preguntó: ¿Por qué Dios creó el mal? En realidad, no es que Dios haya creado el mal, sino que Dios colocó en el huerto el conocimiento de lo que estaba bien y de lo que estaba mal. No es lo mismo hacer algo mal, que saber lo que está mal. Aquí vemos que el árbol tenía el fruto de la ciencia del bien y del mal, no se refiere a que Dios había creado lo malo, sino más bien que Dios había dado al ser humano el conocimiento de lo que estaba bien y mal.

Y por primera vez, vemos la desobediencia por parte del ser humano cuando toma del fruto de ese árbol. La Escritura menciona que Dios le dijo a Adán: *"De todo árbol del huerto podrás comer, más del árbol de la ciencia del bien y del mal no comerás, porque el día que de él comieres, ciertamente morirás".* Además, el versículo 25 dice: *"Y estaban ambos desnudos, Adán y su mujer y no se avergonzaban".* La palabra "avergonzar" significa tener vergüenza, también significa estar ansiosos; estar secos; estar desilusionados.

Cualquiera de nosotros, cuando somos descubiertos en una mentira o un error que cometimos, normalmente lo que sentimos es vergüenza. Ya que es lo que el ser humano desarrolla, desarrolla un cierto tipo de ansiedad, de vergüenza. Pero aquí vemos que Adán y su mujer (todavía no la voy a llamar Eva), dice que estaban desnudos y no se avergonzaban. Podemos ver que el árbol tenía la ciencia del bien y el mal, y podemos observar que mientras ellos no comían del árbol, no sentían vergüenza; no estaban ansiosos; no se habían secado; no se habían muerto. Estaban bien, en comunión con Dios, se encontraban en un estado de inocencia. Se refiere a que no tenían el conocimiento de lo que estaba bien y mal. Pero hermanos, luego sucede su caída.

Fíjense en lo que dice en el versículo uno del capítulo tres: *"Pero la serpiente era astuta"*. Según el libro de Apocalipsis 12:9, podemos saber quién es la serpiente. Aunque en el libro del Génesis no se le llame Satanás a la serpiente, ahora sabemos a quién se refiere.

Apocalipsis 12:9: *"Y fue lanzado fuera el gran dragón, la serpiente antigua, que se llama diablo y Satanás, el cual engaña al mundo entero; fue arrojado a la tierra, y sus ángeles fueron arrojados con él"*.

Lo primero que debemos saber acerca de Satanás es por qué motivo utiliza a un animal. Aquí dice: *"Y fue lanzado fuera el gran dragón, la serpiente antigua, que se llama diablo y Satanás"*. Diablo es la palabra griega para referirse a Satanás, pero Satanás es otra palabra. En el hebreo, Satanás significa "adversario", también se traduce como "el que obstruye" o "el que está en contra de". Y la misma palabra griega διάβολος (*diábolos*) es lo mismo, pero "*diábolos*" es en griego y Satanás es en hebreo.

La palabra "Satanás" no es mencionada en el libro del Génesis, se menciona en el primer libro de Crónicas; se menciona en el libro de Job; en el libro de Salmos; en el libro de Zacarías; en el Evangelio de Mateo, en el Evangelio de Marcos, en el Evangelio de Lucas... Se menciona también en Apocalipsis, pero no en el libro de Génesis.

La pregunta es, cuando hablamos de Satanás: ¿Cuál es la idea? Podemos ver que Dios ya se comunicaba con ellos, con los seres humanos, con Adán y su mujer, pero la siguiente pregunta sería: ¿qué lenguaje utilizaba? El judaísmo cree que el que se utilizaba era el hebreo, aunque no podemos saber si esto era así.

Pero luego viene la otra pregunta: ¿Cómo es que la palabra "serpiente", palabra que normalmente no se traduce como reptil sino como serpiente antigua o Satanás, aquí sí se refiere a la serpiente como reptil? Sepan ustedes que, cuando leemos sobre grandes monstruos marinos, monstruos y "lo que se arrastra sobre la tierra", se refiere a reptiles. Entonces, aquí la palabra que realmente se entiende es "serpiente", en hebreo נָחָשׁ (*najash*)[1].

En algunos lugares luego se encontraron serpientes que tenían pies. Porque lo que tenemos que entender es que al parecer, al principio, la serpiente tenía pies (al menos esa es la idea general por la condena que se le da a la serpiente).

---

[1] Bibliografía: Pharyngula: *"Najash rionergina, a snake with legs"*. Present abstract of the Nature report.

Lo que no sabemos es cómo la serpiente se comunicó con la mujer. Parece ser que fue porque la serpiente habló.

La siguiente pregunta sería: ¿Qué idioma habló? Sin lugar a dudas tiene que haber sido el que hablaba la mujer. Si hablaba hebreo, habló el hebreo.

Y la otra pregunta es: ¿Cómo fue posible que el diablo o Satanás hablara a través de la serpiente? En la Biblia ya se ha visto que los animales podían hablar, como por ejemplo en Números capítulo 22, versículo 22. Y cuando me refiero a que los animales podían hablar, no me refiero a por sí mismos, sino que Dios utilizó a un animal, concretamente a una asna, para hablarle a un profeta.

Y en el caso de la serpiente, aunque no menciona a Satanás, por lo que dice Apocalipsis 12, se asume que Satanás es la serpiente antigua porque la utilizó. La pregunta sería: ¿Por qué a la serpiente? La Biblia dice que era la más astuta de todos los animales del campo. La palabra astuta o astucia hace referencia a una persona que labra muy bien las cosas. Como un artista que trabaja muy bien los detalles de su obra maestra. Entonces, ¿por qué dice que la serpiente era la más astuta? No lo sabemos. ¿En qué forma era más astuta que los demás animales? No lo sabemos. Lo que sabemos es que al parecer el diablo o Satanás utiliza a la serpiente para hablarle a la mujer.

En Números 22, en el versículo 22 dice así: *"Y la ira de Dios se encendió porque él iba; y el ángel de Jehová se puso en el camino por adversario"*. Solamente voy a decir esto hermanos, pero no voy a entrar en detalles. Cuando dice ahí la Escritura: *"Y la ira de Dios se encendió porque él iba; y el ángel de Jehová se puso en el camino por adversario"*, en hebreo la palabra para adversario es שָׂטָן *"sa'tan"*, porque Satanás significa adversario. Entonces dice "el ángel (*malák*) de Jehová (*Elohim*)", y luego dice: "lo puso por Satán (adversario)".

> **Números 22:22b-28:** *"Iba, pues, él montado sobre su asna, y con él dos criados suyos. Y el asna vio al ángel de Jehová, que estaba en el camino con su espada desnuda en su mano; y se apartó el asna del camino, e iba por el campo. Entonces azotó Balaam al asna para hacerla volver al camino. Pero el ángel de Jehová se puso en una senda de viñas que tenía pared a un lado y pared al otro. Y viendo el*

> *asna al ángel de Jehová, se pegó a la pared, y apretó contra la pared el pie de Balaam; y él volvió a azotarla. Y el ángel de Jehová pasó más allá, y se puso en una angostura donde no había camino para apartarse ni a derecha ni a izquierda. Y viendo el asna al ángel de Jehová, se echó debajo de Balaam; y Balaam se enojó y azotó al asna con un palo. Entonces Jehová abrió la boca al asna, la cual dijo a Balaam: ¿Qué te he hecho, que me has azotado estas tres veces?".*

Lo que tenemos que entender en esta historia es que Dios utilizó a un animal y habló a través de él. Por lo tanto, es posible que lo invisible utilice lo visible para comunicarse con lo visible. Esa es la idea que quiero transmitir. Satanás utilizó a la serpiente para que hablara con la mujer, eso es lo que dice la Escritura. Cuando vemos el ejemplo de la asna, esta habla con el profeta, pero es Jehová quien le abre la boca. Ya que los animales tienen instinto, no tienen espíritu de hombre, por lo tanto, no pueden pensar; no pueden razonar; no pueden usar la lógica.

Entonces, si Dios quiere, puede hacer que una asna hable y, al parecer, si el diablo quería, podría hacer que una serpiente hablase también. Ya que lo visible no puede ver a lo invisible. De otra manera, el diablo se hubiera podido comunicar directamente con la mujer sin necesidad de utilizar una serpiente, pero no pudo ser así. Lo que la Escritura aquí nos dice es que lo invisible tiene que utilizar lo visible para tocar el mundo terrenal. Lo invisible no puede tocar el mundo terrenal a menos que utilice lo terrenal para hacerlo. Y esa es una de las cosas más interesantes que podemos ver en la Escritura.

La otra pregunta en cuanto al diablo es: ¿De qué manera cayó el diablo? Sabemos que tuvo que haber caído siete días después de la creación. La pregunta es: ¿Qué día cayó? ¿Cuándo cayó? Ya estaba en el jardín. ¿Por qué estaba en el jardín del Edén? Por ejemplo, en Ezequiel capítulo 28 se menciona la palabra Edén.

¿Qué día cayó? No lo sabemos. ¿Habrá sido el primer día y esta era la razón por la cual todo estaba en tinieblas? No lo sabemos. ¿Habrá sido el tercer día o el cuarto día cuando se hicieron las estrellas y entonces le compara a Satanás con una estrella que cae del cielo? No lo sabemos. ¿Habrá sido el quinto día? No lo sabemos. Lo que sabemos es que para el tiempo en que están Adán y su mujer en el jardín del Edén, Satanás ya se encontraba ahí también, estaba presente en el jardín del Edén.

> **Ezequiel 28:13:** *"En Edén, en el huerto de Dios estuviste; de toda piedra preciosa era tu vestidura; de cornerina, topacio, jaspe, crisólito, berilo y ónice; de zafiro, carbunclo, esmeralda y oro; los primores de tus tamboriles y flautas estuvieron preparados para ti en el día de tu creación"*.

Dice "en Edén", el cual es el mismo nombre que se le da al jardín de Génesis, y este mensaje lo está dando un profeta. En aquel tiempo, los profetas tomaban un rey, en este caso el rey Tiro, y lo compara con algo que ya le había sucedido al diablo. Entonces, está profetizando acerca del rey Tiro mencionando lo que le iba a pasar. Por lo tanto, está mencionando lo que ya le había pasado a Satanás para hacer una comparación.

Lo primero que hizo Isaías con el rey de Babilonia, ahora lo hacía Ezequiel con el rey Tiro. Así pues, lo que vemos es que estaba en el Edén, estaba en el huerto. Huerto y jardín es lo mismo. La palabra jardín o huerto es _"gan"_ en hebreo, por eso se llama el lago de _"Genesaret"_, porque se trata de un lugar con muchos huertos en Galilea. Pero _"gan"_ es huerto[2].

"En Edén, en el huerto de Dios estuviste…" y al final del versículo dice: _"…y flautas estuvieron preparados para ti en el día de tu creación"_.

Creemos o comprendemos que lo invisible tuvo que haber sido creado antes de lo visible. Lo visible empieza con _Bereshit,_ comienza con _"en el principio creó Dios los_

---

[2] Pintura de Thomas Cole: _El jardín del Edén._

cielos y la tierra", pero antes ya existía lo invisible y se utilizan muchos términos para hablar de lo invisible. Por ese motivo, en este caso se cree que el diablo o Satanás ya estaba antes.

Ezequiel 28:14: *"Tú, querubín grande, protector, yo te puse en el santo monte de Dios, allí estuviste; en medio de las piedras de fuego te paseabas".*

Hay varias cosas que menciona aquí, por ejemplo, dice: *"Tú, querubín grande"*. Habla a Satanás como a un querubín. Un querubín es un rango angelical. Según el mismo libro de Ezequiel, un querubín tiene cuatro alas. Y luego dice "protector", porque eso es lo que normalmente son los querubines. Después dice: *"Yo te puse en el santo monte de Dios"*. Al parecer habla del santo monte de Dios, pero cuando dice: *"en Edén, en el huerto de Dios estuviste"*, hace referencia al jardín del Edén.

Ezequiel 28:15: *"Perfecto eras en todos tus caminos desde el día que fuiste creado, hasta que se halló en ti maldad".*

Ahora ya vemos que Satanás fue creado, y el proceso de su caída Ezequiel lo describe de esta manera: *"Perfecto eras en todos tus caminos"* (así como Adán y la mujer eran perfectos en todos sus caminos). *"Desde el día que fuiste creado, hasta que se halló en ti maldad"*. Vuelvo a reiterar: "la maldad no es la ciencia del mal, es hacer lo que está mal". Entonces, al parecer este querubín sabía lo que estaba mal y aún así decidió hacerlo.

Ezequiel 28:16: *"A causa de la multitud de tus contrataciones fuiste lleno de iniquidad, y pecaste; por lo que yo te eché del monte de Dios, y te arrojé de entre las piedras del fuego, oh querubín protector".*

Aquí ya podemos ver la razón por la cual Dios lo expulsa ¿verdad?: *"...y te arrojé de entre las piedras del fuego, oh querubín protector". "A causa de la multitud de tus contrataciones"*, esto es hacer contratos, planear cosas; establecer algo que se va a hacer. Dice: *"fuiste lleno de iniquidad"*. Al parecer, el querubín protector o Satanás, hizo varios planes o varios contratos con todos los demonios en cuanto a lo que querían hacer. Y esto los llevó a que pecasen. En el versículo 17, la Escritura dice: *"se enalteció tu corazón"*. Sabemos que nosotros fuimos hechos a imagen y semejanza de Dios, y en la Biblia a veces a una parte del "espíritu del hombre" se le llama "corazón", "conciencia", o "mente".

Capítulo 2: El pecado eterno: la soberbia

La siguiente pregunta sería: ¿Cómo son los ángeles? Dice: *"Se enalteció tu corazón a causa de tu hermosura, corrompiste tu sabiduría a causa de tu esplendor"*. Aquí vemos el pecado eterno. ¿Cuándo sucedió? No lo sabemos. Es posible que sucediera antes del primer día o es posible que ocurriera después del primer día, no lo sabemos. Pero luego da una vista al Cielo a lo que hay más allá, y lo que hay más allá es el "santo monte de Dios"; y lo que hay más allá es la presencia de Dios. Y luego dice: *"Yo te arrojaré por tierra"*, y vuelve a la profecía del rey Tiro.

En Isaías capítulo 14, se menciona lo mismo y se da la razón por la cual se menciona. ¿Usted sabe lo que significa la palabra o el nombre *Moriah*? *Moriah* significa: "donde Dios mira, donde Dios ve". Y ¿qué significa *Sion*?: "Monumento". Por favor, tengan eso en mente.

Isaías 14:12: *"¡Cómo caíste del cielo, oh Lucero, hijo de la mañana!"*.

Aquí se le da otro nombre a Satanás: "Lucero" (luz), porque se entiende que cayó desde el Cielo como una estrella.

Isaías 14:12-14: *"...Cortado fuiste por tierra, tú que debilitabas a las naciones. Tú que decías en tu corazón: Subiré al cielo; en lo alto, junto a las estrellas de Dios, levantaré mi trono, y en el monte del testimonio me sentaré, a los*

lados del norte; sobre las alturas de las nubes
subiré, y seré semejante al Altísimo".

Aquí vemos que el pecado que tuvo fue la soberbia,
o sea quiso ser como Dios. Dice: *"Tú que decías en tu*
corazón: Subiré al cielo; en lo alto, junto a las estrellas de
Dios, levantaré mi trono, y en el monte del <u>*testimonio*</u> (Sion
o monumento) *me sentaré, a los lados del norte; sobre las*
alturas de las nubes subiré, y seré semejante al Altísimo".

Entonces, no sabemos qué día cayó. Puede ser que
fuese arrojado al mundo invisible en un día, y que después
de eso se hiciese la creación de lo visible; o puede ser que
primero fuera creado lo visible y fuera arrojado después de
ello.

No sabemos cuándo sucedió, lo que sabemos es que
Satanás ya estaba en el jardín del Edén en el momento en

que el hombre y la mujer ya habían sido creados y formados. Eso lo que sabemos.

Ahora bien, otro significado para Satanás en hebreo es "el acusador". Por lo tanto, el primer pecado no fue el de Adán y el de la mujer, el primer pecado fue el del diablo y sus ángeles. Y la causa de ese pecado fue la soberbia. Creer que lo tenemos todo. Creer que lo sabemos todo. Creer que no necesitamos de nadie. Él dijo: "Yo seré como el Altísimo". Y aquí es donde viene la aplicación a nuestras vidas, porque la pelea que tenemos todos nosotros, la más grande de las peleas que tenemos, es la soberbia.

Por ejemplo, ustedes se pueden dar cuenta cuando un niño entra en la juventud, porque la soberbia los inunda; cuando creen que se lo saben todo. O sea, es como que no pueden controlar su carne. Pues sucedió lo mismo con Satanás, ya que sabía sobre el bien y el mal. Se le llamó Satanás porque fue en contra de lo que era la voluntad de Dios. Por eso se le llama "el adversario". Ahora bien, ¿Satanás sintió vergüenza? Bueno, parecer ser que no.

La inocencia es la idea de no tener conocimiento. Es decir, actuar sin tener el conocimiento de las consecuencias de mis acciones. Por ese motivo, si hablamos de los niños, vemos que a veces los niños dicen groserías, pero no quiere decir que están pecando. Los niños a veces roban, pero no quiere decir que estén pecando, porque no tienen conciencia, no tienen el conocimiento. Se les está enseñando, se les está educando sobre lo que está bien y lo que está mal. Pero la clave está en la palabra "vergüenza" porque llega un momento en que un niño roba y entra a la juventud, y ya le empieza a dar vergüenza. Aún cuando un niño corre en su casa desnudo, no le da vergüenza. Pero llega un momento en que el niño dice: "Ya no quiero que mis papás me bañen". ¿Por qué? Porque le da vergüenza y se pone ansioso, empieza a cambiar.

Y esto mismo ocurre en el proceso de Adán y la mujer. Sabían que no podían comer, porque les daría el conocimiento de lo que estaba bien y lo que estaba mal. Decidieron perder la inocencia y en el momento en que la pierden, se dan cuenta de que están desnudos. Les empezó a dar vergüenza, se pusieron ansiosos. Por eso nosotros cuando pecamos nos sentimos ansiosos, ya que sabemos que algo está mal y nos sentimos avergonzados. Queremos ocultar a Dios lo que hemos hecho, no queremos que Dios vea lo que hicimos. Pero ante Dios todo queda al descubierto y este fue el proceso: Árbol del bien y el mal; vergüenza o inocencia; y luego viene el estado de la muerte. "Morirás" significa simplemente "separación". Estaban en completa comunión con Dios, pecan y Dios los aparta de Él y los expulsa del jardín del Edén. Este es un principio que aplica a nosotros el día de hoy. Veamos por ejemplo lo que dice en Romanos:

> **Romanos 5:16-17:** *"Y con el don no sucede como en el caso de aquel uno que pecó; porque ciertamente el juicio vino a causa de un solo pecado para condenación, pero el don vino a causa de muchas transgresiones para justificación. Pues si por la transgresión de uno solo reinó la muerte, mucho más reinarán en vida por uno solo, Jesucristo, los que reciben la abundancia de la gracia y del don de la justicia".*

¿De quién está hablando, hermanos? De Adán. O sea, si Adán sabía que estaba mal comer del árbol del bien y el mal, su pecado no fue que no tenía conocimiento de eso. Él pecó y tenía conocimiento de que pecó. Cuando peca queda muerto, separado. Ahora, si yo vengo a este mundo, yo no llevo el pecado de Adán y Eva. Pero yo, al igual que Adán y Eva, si tengo el conocimiento de lo que está mal y lo hago, Dios es justo y al igual que a Adán, también me tiene que matar a mí; así como mató a Adán y a la mujer, o los separó de la comunión. Por eso se entiende que un niño está en comunión con Dios cuando tiene inocencia. Pero cuando llega a la juventud, el niño pierde la inocencia. Y cuando la pierde, automáticamente entra al pecado y a la "separación" o también llamada "muerte espiritual".

Lo que está ocurriendo aquí en Génesis 3:1, es un principio que nos ocurre a todos y cada uno de los seres humanos. Vean lo que dice en Romanos: "Así como por uno solo el pecado entró, así también por la justicia de uno todos seremos justificados" (*cf.* Romanos 5:18). Está comparando a Adán con Jesús.

Ahora bien, ¿qué tan astuto es el diablo? El diablo se comunica con nosotros a través de un medio. En este caso, el diablo utilizó a la serpiente para comunicarse con la mujer, ya que de otra manera no lo podría haber hecho. No podía comunicarse con ella, sino ¿para qué utiliza a la serpiente? Así como Dios utilizó una asna para comunicarse con el profeta, el diablo utilizó ese medio. Pero esto no quiere decir que el asna después siguió hablando por sí misma, ya que realmente fue Dios a través de ella. El diablo habló a través de la serpiente, pero solamente era con el fin de engañar a la mujer.

Los querubines son un tipo de ángel que protege. Es decir, no solamente son querubines, sino que también son protectores. Así que, cuando la mujer y Adán pecaron, hubo unas consecuencias para ellos. Las consecuencias eran que iban a sufrir, que ella iba a tener dolores de parto, se iba a tener que sujetar, etc. Y en cuanto a la serpiente, a partir de ese momento se iba a arrastrar por tierra, ya no podría caminar. Después que eso ocurre, Dios colocó dos querubines en la entrada del camino para que nadie más pudiera entrar y comer del árbol de la vida. Por ejemplo, en el arca del pacto había dos querubines, sobre el propiciatorio, el velo y en la entrada del tabernáculo. Porque reitero: todo eso era una imagen de lo que es el Cielo.

Así que, se pueden imaginar cómo es el Cielo, con un sinfín de querubines, de serafines, de ángeles y de entre ellos uno fue el que cayó y ese fue Satanás, el diablo. Al cual a partir de ahí ya no se le llamó más querubín, aunque en Ezequiel se le llama querubín para que sepamos quién era. Y se le llamó Satanás, el adversario, el que corrompe; el que está en contra; el que obstruye la voluntad de Dios.

Por ejemplo, en Mateo 16:23[3], ¿a quién utiliza por medio de Pedro? ¿Quién quería que Jesús no hiciera aquello que tenía que hacer? O sea, una vez más, el diablo no podía hablar con nosotros de forma directa y tuvo que hacerlo a través de alguien. En el caso de Pedro, Pedro le dijo a Jesús: "Que no te acontezca nada de esto". Y Jesús le dijo: "No, no, aléjate de mí Satanás". O sea, Jesús no veía a Pedro, sino lo que estaba detrás de Pedro.

Entonces, la idea principal es que el diablo, Satanás, obstruye. Ese adversario "está en contra de", y es algo muy

---

[3] Mateo 16:23: "Pero él, volviéndose, dijo a Pedro: ¡Quítate de delante de mí, Satanás!; me eres tropiezo, porque no pones la mira en las cosas de Dios, sino en las de los hombres".

real. Es como cuando, por ejemplo, en Deuteronomio uno ve imágenes, idolatría, pues lo que estaba detrás de ello eran demonios. Se trataba de un engaño. Aunque las imágenes no hablan, hay un engaño que está detrás de la idolatría. Y ocurre lo mismo en este caso. O sea, Satanás puede hablar a través de alguien y muchas veces, quizás se sorprendan, pero puede ser que utilice a alguien que conocen para hacerles caer.

Santiago hace mención de ello cuando habla de la lengua:

Santiago 3:2-5: *"Porque todos ofendemos muchas veces. Si alguno no ofende en palabra, éste es varón perfecto, capaz también de refrenar todo el cuerpo. He aquí nosotros ponemos freno en la boca de los caballos para que nos obedezcan, y dirigimos así todo su cuerpo. Mirad también las naves; aunque tan grandes, y llevadas de impetuosos vientos, son gobernadas con un muy pequeño timón por donde el que las gobierna quiere. Así también la lengua es un miembro pequeño..."*.

O sea, está hablando de la lengua, pero fíjense en lo que dice el versículo 14 y 15:

Santiago 2:14-15: *"Pero si tenéis celos amargos y contención en vuestro corazón, no os jactéis, ni mintáis contra la verdad; porque esta sabiduría no es la que desciende de lo alto, sino terrenal, animal, diabólica"*.

37

Entonces, ¿podríamos decir que el diablo utiliza la lengua de otras personas para hacernos daño a nosotros? ¿Podríamos decir que a veces utiliza nuestra propia lengua? Totalmente. Entonces, esa sabiduría es terrenal, animal y diabólica. Y ¿cuál fue el primer pecado? La soberbia. Entonces, cuando oigan a alguien hablar con mucha soberbia, podríamos decir que quien está hablando a través de esa persona es Satanás: "Yo tengo mucho, yo tengo esto, no tengo necesidad de nada, yo trabajo, etc.". Claramente el diablo está hablando a través de ellos.

Y por eso los jóvenes son muy susceptibles a caer, porque se sienten independientes, creen que pueden con todo y automáticamente caen de la gracia de Dios.

Efesios 4:26-27: *"Airaos, pero no pequéis; no se ponga el sol sobre vuestro enojo, ni deis lugar al diablo".*

O sea, dar lugar al diablo es por ejemplo utilizar la lengua, y se trata solamente de un miembro, pero hay muchas otras cosas. Porque una persona no tiene que hablar o decir una palabra para ser soberbio. Aquí el secreto está, hermanos, en el principio del árbol de la ciencia del bien y el mal.

¿Qué es lo que hace que sepamos lo que está bien y lo que está mal? ¿Qué es lo que Dios hace? Pues coloca la vergüenza como una medida que nos ayuda a distinguir lo que está bien y está mal. Por eso cuando a un niño lo descubren haciendo algo malo y le empieza a dar vergüenza, es que ya empieza a perder la inocencia, porque ya sabe que algo está mal. De la misma manera nos ocurre a nosotros. Pero, ¿qué sucede si somos unos sinvergüenzas? Pues que la vergüenza ya no tiene efecto. O sea, nuestra mente es insensible. No distingue ni lo que está bien ni lo que está mal.

Lo que tienen que entender es que el árbol de la ciencia del bien y del mal estaba en el jardín del Edén, pero nosotros también lo tenemos aquí en este contexto de lo que está bien y está mal. Está aquí. Y cuando aprendemos la Biblia, la Palabra de Dios, ella nos indica lo que está bien y lo que está mal. Y podemos conocerlo, pero ¿lo practicamos? Eso es otra cosa. Por eso, cuando una persona empieza a asistir a la iglesia y comienza a aprender lo que está bien y está mal, se empieza a sentir mal porque está practicando aquello que está mal. Ya su corazón le redarguye. Se avergüenza porque Dios ya lo está tocando, lo está haciendo meditar: "Estás mal, eso no está bien, acuérdate qué aprendiste el domingo. Aprendiste que estaba mal emborracharte y lo haces. Está mal robar y robas; está mal hablar mal a la gente y lo haces".

O sea, se va desarrollando en nosotros la ciencia del bien y el mal, pero no se lleva a cabo hasta que actuamos. Así es, el arrepentimiento vendría "como consecuencia de". Pero estamos de acuerdo en decir que Adán y Eva no se arrepintieron. Adán no quiso porque se excusó, no tomó la responsabilidad de sus acciones. Y la mujer lo mismo.

Entonces, ese fue el error que ellos cometieron. Por eso, la falta de arrepentimiento les condena eternamente, pero si se arrepienten pueden ser salvos. Y eso también está bien, no está mal. Pero ese desarrollo del bien y el mal, hermanos, se encuentra aquí.

Ahora, fíjense lo que dice en 2ª de Corintios 11:3. Porque, hermanos, sepan que el diablo es muy astuto, tiene mucha labia, sabe manejarnos, sabe cómo hacer que nuestros sentidos se extravíen. Por eso creo que tomó a la serpiente, porque la serpiente, hermanos, uno no se da cuenta hasta que le muerde. Aquellos que han visto una serpiente, saben que suelen camuflarse entre las ramas o entre la arena del desierto. No se ve o no se muestra hasta el momento que les va a morder.

Si ustedes ven cualquier programa sobre animales, cuando va a cazar una ardilla o una rata o cualquier otro animal, es muy astuta, espera hasta que llega a su presa y se lanza hacia ella. Y luego ¿qué es lo que hace? La va atrapando y con mucha paciencia la va ahorcando. La ahorca hasta que la asfixia y cuando la asfixia la va devorando, se la va comiendo, se la traga.

Y así es el diablo. El diablo les va asfixiando, les va secando, y les va a hacer sentir que estén ansiosos. Les va a ir atrapando poco a poco... Y cuando se quieran deshacer del diablo, ya habrán caído en su trampa. El diablo es diablo, digamos que estamos hablando de un ser muy inteligente.

2ª de Corintios 11:3: *"Pero temo que como la serpiente con su astucia engañó a Eva...".*

Entonces, ¿qué es lo que el diablo utiliza? ¿cuál es su receta? El engaño. A Jesús le dijo[4]: "Si eres Hijo de Dios, haz esto". "Si eres Hijo de Dios, lánzate". Pues intentaba engañarlo. ¿Qué pasa cuando un muchacho está con una muchacha? Le dice haz esto o hagamos esto. La intenta engañar ¿verdad? O sea, dice que los sentidos...: *"...vuestros sentidos sean de alguna manera extraviados de la sincera fidelidad a Cristo"*.

¿Les ha ocurrido que a veces el ordenador o el teléfono móvil como que se congelan verdad? De repente la pantalla se congela y uno dice ¿qué ocurre? Y lo tiene que apagar y reiniciar para que vuelva a funcionar. Pues así somos nosotros. El diablo literalmente nos congela. Dejamos de funcionar, dejamos de pensar; dejamos de actuar; dejamos de hacer lo que es correcto. Por que él sabe de qué manera engañarnos y atraparnos... Pues una vez más, el diablo no tiene nada que perder. Porque ya lo tiene todo perdido, ya está condenado por la eternidad. Lo único que quiere es llevarse a algunos de nosotros. Es el diablo muy astuto...

Puede intentarlo a través de la sabiduría humana, puede ser quizás a través del pecado. Y lo triste, hermanos, es que a veces ni aceptamos que estamos mal. Fíjense de

---

[4] Referencia bíblica: Mateo 4:6-8: "Y le dijo: Si eres Hijo de Dios, échate abajo; porque escrito está: A sus ángeles mandará acerca de ti, y, en sus manos te sostendrán, para que no tropieces con tu pie en piedra. Jesús le dijo: Escrito está también: No tentarás al Señor tu Dios. Otra vez le llevó el diablo a un monte muy alto, y le mostró todos los reinos del mundo y la gloria de ellos".

qué manera el diablo trabaja. Nos hace pensar que estamos bien, cuando en realidad estamos mal. Y la pregunta es ¿cómo lo consigue? ¿Cómo lo logra? ¿Cómo llega a hacerlo? Bueno, es complicado.

Ahora, imaginen a nuestros jóvenes. Es mucho más fácil engañarlos a ellos, son más ingenuos para cualquier cosa. Los suele engañar sin ningún problema. Pero no solamente a ellos, aún nosotros ya adultos, ya mayores. Se supone que ya deberíamos tener la experiencia como para saber diferenciar entre una cosa y otra. Pero a veces nos engaña a nosotros de una manera muy sutil. Y cuando menos nos damos cuenta, nos muerde y cuando nos muerde, el veneno entra poco a poco. Y empieza a adormecer parte del cuerpo y ya cuando uno se da cuenta, está muerto. Y luego le devora, sin darse cuenta de lo que pasó. Así que, hermanos, así es el diablo.

Capítulo 3:
¿Quiénes son los ángeles?

Este capítulo tiene como propósito explicar en detalle los seres espirituales, los cuales no podemos ver, pero sí podemos sentir. Tiene como objetivo explicar cómo es que toda esta esfera angelical y espiritual se mueve en derredor de nosotros. Y trataremos de entender la idea principal de lo que es la oscuridad, lo que es el abismo; lo que es la prisión eterna; y después de ello, cómo aplica a cada uno de nosotros.

Es necesario entrar en este tema porque en el libro de Génesis, en numerosas ocasiones aparece la expresión: "El ángel de Jehová". Y también estaremos viendo quién está detrás de la maldad. Empezando por "la serpiente", continuando con "Adán y Eva", prosiguiendo con Caín; y así sucesivamente con toda la tierra hasta Babel después de Noé con su hijo Cam, etc. El propósito es explicar y entender que "el hecho de que no lo veamos, no quiere decir que no exista".

En cuanto a nuestra esencia, estamos hechos a imagen y semejanza de Dios y por eso fuimos llamados "espíritu de hombre". Pues de la misma manera, Dios decide llamarles a los seres espirituales "espíritus". Es importante notar que ya no es un "espíritu de hombre", sino que la palabra propia es solamente "espíritus". Y eso es lo que debemos entender a través de Génesis capítulo 3.

Génesis 3:1-5: *"Pero la serpiente era astuta, más que todos los animales del campo que Jehová Dios había hecho; la cual dijo a la*

43

mujer: ¿Conque Dios os ha dicho: No comáis de todo árbol del huerto? Y la mujer respondió a la serpiente: Del fruto de los árboles del huerto podemos comer; pero del fruto del árbol que está en medio del huerto dijo Dios: No comeréis de él, ni le tocaréis, para que no muráis. Entonces la serpiente dijo a la mujer: No moriréis; sino que sabe Dios que el día que comáis de él, serán abiertos vuestros ojos, y seréis como Dios, sabiendo el bien y el mal".

En el capítulo anterior, cuando leímos el libro de Apocalipsis capítulo 12, vimos quién es esta serpiente o quién está detrás de la serpiente. Es importante notar que la palabra "serpiente" en Génesis 3:1 sí se refiere a una serpiente, pero también cuando vemos el castigo a la serpiente (al parecer las serpientes tenían patas o podían estar de pie, pues no se arrastraban ya que el arrastrarse fue parte del castigo que se le dio a la serpiente), ¿quién está detrás de la serpiente?

Apocalipsis 12:9: *"Y fue lanzado fuera el gran dragón, la serpiente antigua, que se llama diablo y Satanás, el cual engaña al mundo entero; fue arrojado a la tierra, y sus ángeles fueron arrojados con él".*

En el capítulo anterior también expliqué que la palabra "diablo" es simplemente la palabra en hebreo: "el contrario". Y también expliqué que la palabra "Satanás" se refiere al lenguaje hebreo que al igual significa "adversario". No solamente "adversario", sino también "el acusador"; y no solamente "acusador" sino "el que está en contra de Dios". Aquí la Escritura dice que quien engañaba al mundo entero fue arrojado a la tierra y explica: *"y sus ángeles fueron arrojados con él"*.

El problema que a veces surge cuando tratamos de descifrar esta parte del diablo o Satanás, es esa continua mención de la palabra "ángeles". Y es por eso por lo que es importante realizar "el estudio de los ángeles", pues nos ayuda a entender cómo el diablo o Satanás utilizó a la serpiente. Por tanto, para estar al tanto de toda esta esfera espiritual que no podemos ver y la lucha constante que tenemos, debemos estudiar angelología[5], lo cual, es el estudio en cuanto a los ángeles.

Lo primero que tenemos que entender en cuanto a los ángeles es qué significa la palabra "ángeles", o de dónde viene la idea de dicha palabra. "Ángeles" es una palabra que está separada en dos, si pueden darse cuenta está la palabra "ángel" y luego "el", lo cual hace referencia a Dios y "ángel" es "mensajero de Dios". Esta palabra está en el griego: *"angelos"* ἄγγελος.

---

[5] La angelología cristiana es la parte de la teología sistemática que estudia las características, oficios y alcances de los ángeles. Los ángeles son seres espirituales creados por Dios y se establece la diferencia entre ángeles buenos y ángeles malvados o demonios.

Es interesante observar que la palabra "ángeles" se menciona 273 veces en la Biblia. En el Antiguo Testamento se menciona 108 veces, y en el Nuevo Testamento se menciona 165 veces. Por ello, en total se menciona 273 veces en toda la Biblia.

Pero ¿quiénes son los ángeles? Cuando hablamos de los seres angelicales o celestiales, nos viene a la mente un sinfín de cosas. Por ejemplo, cuando vamos conduciendo en el coche, decimos que vamos acompañados de Dios. Sin lugar a dudas es así. Pero a parte de Dios, se encuentra esta esfera espiritual que nos acompaña y no podemos darnos cuenta de quiénes son.

Si vamos a Lucas capítulo 24, ¿qué entendemos por la palabra "ángeles"? "Ángel" significa simplemente "mensajero de Dios". En Apocalipsis 12:9 dice que Satanás y el diablo fue arrojado a la tierra con sus ángeles. Pero, ¿cómo que con los mensajeros de Dios? Porque era el estatus que tenían los ángeles antes de la caída del Cielo.

En Lucas 24:39, dice así la Palabra de Dios:

Lucas 24:39: *"Mirad mis manos y mis pies, que yo mismo soy; palpad, y ved; porque un espíritu no tiene carne ni huesos, como veis que yo tengo".*

Aquí dice que un espíritu no tiene carne ni huesos. Ya hemos aprendido que nosotros fuimos creados a imagen y semejanza de Dios. ¿Qué fue creado a imagen y semejanza de Dios? El espíritu del hombre. Tomó del polvo de la tierra y formó nuestro cuerpo. ¿Por qué nosotros podemos vernos en la parte visible? Porque tenemos carne y huesos. Ahora bien, el espíritu de hombre fue colocado en un cuerpo físico y a ello se le llamó el "alma viviente" o "ser viviente". La unión del espíritu del hombre y el cuerpo físico forma la idea de lo que es el "alma". Pero aquí Jesús dice que un espíritu no tiene carne ni huesos. Si nuestro espíritu de hombre no tuviese cuerpo físico, nadie nos podría observar. Seríamos invisibles para todos, no nos podrían ver.

En Hebreos 1:7, el salmista declara qué es lo que se hace con los ángeles. Estamos viendo el estudio de los ángeles o la "angelología" para poder descifrar la parte de Génesis capítulo 3 en cuanto a la "serpiente antigua" o el "gran dragón" como le llama Apocalipsis.

Hebreos 1:7: *"Ciertamente de los ángeles dice: El que hace a sus ángeles espíritus, y a sus ministros llama de fuego".*

Dice: *"El que hace a sus ángeles"* ¿qué? "Espíritu". Entonces, esta palabra "espíritu", dice que Dios hace de sus ángeles "espíritus". Ya vimos que los espíritus no tienen carne ni huesos. Pero la palabra "espíritus", del griego *pneuma* (πνεῦμα), es una palabra que muchas veces en el Nuevo Testamento se traduce como "viento". Y es una palabra muy apropiada porque el viento no podemos verlo. Como dijo Jesús a Nicodemo en Juan 3:8[6]: ¿De dónde viene el viento? No podemos verlo, pero podemos sentirlo. De igual manera, hizo de sus ángeles, "espíritus", "vientos".

¿Qué quiere decir esto? Que los ángeles en la parte visible no se pueden ver porque son seres del mundo invisible. Porque el mundo visible es lo terrenal y lo invisible lo eterno. Fuimos hechos a imagen y semejanza de Dios en una forma eterna, como dice Eclesiastés 3:11: *"Todo lo hizo hermoso en su tiempo; y hapuesto eternidad en el corazón de ellos, sin que alcance el hombre a entender la obra que ha hecho Dios desde el principio hasta el fin".*

El corazón está diseñado para la eternidad. La parte física, el cuerpo físico que es visible, es simplemente terrenal, temporal. Solamente está aquí por un poco de tiempo. Y por ello, se va desgastando, se va deshaciendo. Nos vamos arrugando, vamos perdiendo la fuerza, nos vamos envejeciendo. Nos vamos a encorvando hasta el momento de morir y cuando morimos, esto que fue tomado del polvo, regresa otra vez al polvo.

_____

[6] Juan 3:8: "El viento sopla de donde quiere, y oyes su sonido; mas ni sabes de dónde viene, ni a dónde va; así es todo aquel que es nacido del Espíritu".

En el caso de los ángeles que Dios hace "espíritus", el "viento"; (no el viento, no vayan a decir es que el hermano dijo que el viento son ángeles, no). Se traduce como "viento" para entender que es algo que podemos sentir, pero que no podemos ver. En el caso de los ángeles o los espíritus, no los podemos ver, pero los podemos sentir porque son parte de lo eterno, son parte de lo invisible.

Ahora voy a explicar algo muy importante que no quiero que se malinterprete, pero quiero que se entienda porque en esto se define toda la idea de la angelología. Nuestro cuerpo físico es parte del mundo visible, de lo terrenal, de lo que se puede ver. Y nuestro espíritu de hombre es parte de lo invisible, de lo eterno. Esto que es visible está colocado (para que me entiendan utilizaré esta palabra, aunque es inexistente en la explicación), está colocado en una esfera, en una idea, en el mundo visible y temporal. Pero la otra parte, el espíritu, está colocado en otra esfera, aunque no existe esfera como tal pero lo digo para que se entienda. Está en otra área del mundo espiritual, en el mundo eterno.

La Biblia, a veces hace referencia al mundo eterno en relación a nosotros. Esa parte es lo invisible, es lo espiritual, es lo eterno.

Hebreos 12:22-23: *"Sino que os habéis acercado al monte de Sion, a la ciudad del Dios vivo, Jerusalén la celestial, a la compañía de muchos millares de ángeles, a la congregación de los primogénitos que están inscritos en los cielos, a Dios el Juez de todos, a los espíritus de los justos hechos perfectos".*

Entonces, la parte espiritual, invisible y eterna tiene una relación intrínseca con la otra parte visible, corporal y terrenal. Y nosotros estamos viviendo en las dos secciones. Estamos viviendo ahora en el cuerpo físicamente aquí y esto será por un tiempo. Y en algún momento dejaremos el cuerpo y nos iremos a la eternidad. Pero la otra parte, en la sección espiritual, invisible y eterna, es la parte donde tenemos la lucha espiritual. Donde tenemos el contacto con los espíritus, tanto los espíritus buenos como los espíritus malos. Por eso tenemos que adorar a Dios en "espíritu y en verdad" (*cf.* Jn. 4:23). Esta parte espiritual, esta sección es la que tiene constantes peleas. Tal vez yo sea débil en la parte corporal, pero puede ser que sea fuerte en la parte espiritual. Y aunque mi cuerpo se va desgastando, poco a poco dice Pablo en 2 Corintios 4:16, no obstante, el interior se renueva cada día.

Y cuando hablamos de los ángeles, ellos solamente viven en el mundo invisible. Y esta sección o mundo invisible afecta al mundo visible. Entonces, para que un ángel pueda tener un efecto o una consecuencia en el mundo visible, en lo corporal o terrenal, requiere algo físico para poder comunicarse, para poder hacer algo. Por eso, el diablo o Satanás utilizó a la serpiente, la cual era física, y habló a través de ella. Porque por sí mismo no lo podía hacer, no podía alcanzar esa parte corporal, terrenal, visible.

Con esto en mente, lo que tenemos que entender en cuanto a los espíritus, es que los espíritus o los ángeles que se hacen espíritus se ven a través de toda la Escritura. Se ven constantemente, desde el principio hasta el final. Porque la parte invisible y la parte eterna ya existían antes de la parte visible. Por lo tanto, la lucha que usted y yo tenemos es con el mundo invisible, aunque estamos en la parte visible.

Efesios 6:11: *"Vestíos de toda la armadura de Dios, para que podáis estar firmes contra las asechanzas del diablo".*

Por lo tanto, en la parte espiritual también vivo y viviré para la eternidad. Y en la parte física también vivo, pero solamente temporalmente. Por eso, cuando estudiamos la Palabra de Dios, lo que se llena, lo que se fortalece es la parte espiritual. Y cuando yo como pan, una hamburguesa o unas patatas, lo que se fortalece es la parte física. Ahí está la diferencia.

En Efesios 6, el versículo 11 dice: *"Vestíos de toda la armadura de Dios"*. Pero esta armadura no es una armadura física, no es para el cuerpo físico. Pablo toma esta ilustración de un soldado romano, para decir: "Vístanse de la misma manera". Pero no se refiere a la parte física, sino a la espiritual. Dice: *"Vestíos de toda la armadura de Dios,*

para que podáis estar firmes contra las asechanzas del diablo".

Este diablo o adversario es Satanás. Este Satanás es el gran dragón. Este gran dragón es la serpiente antigua. Esta serpiente antigua es el mismo ser espiritual que estaba detrás de la serpiente que engañó a la mujer para que pecase y también pecara el hombre. Ese es el mismo ser espiritual desde Génesis, que está vivo, pero en la parte espiritual, en la esfera espiritual. Y afecta a la parte física porque seduce con astucia a los seres físicos, los seres vivientes. O sea, yo puedo estar aquí y el diablo podría estar llenándome la cabeza a través de un lenguaje espiritual diciéndome: "Manolo no sirves para nada; no eres un buen esposo; eres un mal hombre; tu mujer te va a dejar; eres un mal padre; eres un mal hermano; eres un mal ciudadano; de nada sirve que estés vivo". Y puede ser que yo no sea consciente de quién viene eso y piense que sea yo mismo quien me dice a mí mismo todo eso. Por lo tanto, atente contra mi vida y me la quite. El diablo no me la puede quitar, pero puede convencerme para que yo mismo me la quite. Detrás de un suicidio se encuentra la comunicación diabólica del diablo. ¿Están entendiendo hermanos?

Y dice ahí en el versículo 12: *"Porque no tenemos lucha contra sangre y carne".* ¿Qué es sangre y carne? Sangre y carne es el cuerpo. Es lo visible, lo terrenal. Eso es sangre y carne. Nuestra lucha no es contra sangre ni carne. Yo no quiero tener más dinero porque quiera ser mejor que una sangre y carne, sino por el ego; por la manera en que el diablo me ha hecho pensar que lo que tengo no es suficiente, que necesito más. Y el diablo emplea la avaricia para que yo trabaje más, y quiera más y anhele más. Es lo que dijo Santiago[7]: ¿De dónde vienen las guerras? Es de vosotros mismos. ¿Por qué? Porque el diablo me dice: "Es que no es suficiente. Es que el coche que tienes no es suficiente; es que necesitas uno de este año para que te veas bien". Eso es pura vanidad. Es lo mismo que le dijo a la mujer: "Es que Dios dijo esto; es que Dios sabe que ustedes serán como él".

A veces somos tan ingenuos que el diablo nos dice: "Es que necesitas tener este coche para que estés a la última". Y tú piensas que el coche te da un status o un mayor prestigio. Pero no es el coche lo que te hace rico, es el diablo el que te empuja a ello. ¿Por qué? Porque quiere que te entretengas tanto en pagar tu coche que no comas de la parte espiritual, para que no sirvas en la parte espiritual; para que no le sirvas a Dios como Él quiere. Así de astuto es el diablo.

Dice ahí en **Efesios 6:12:** *"Porque no tenemos lucha contra sangre y carne, sino contra principados, contra potestades, contra los gobernadores de las tinieblas de este siglo, contra huestes espirituales de maldad en las regiones celestes".*

"Contra huestes espirituales...", pneuma, "vientos". No se pueden ver, pero se pueden sentir. *"...en las regiones celestes"*. Sepan que esa parte "región celeste" también es lo invisible, también es lo espiritual, lo eterno. Por eso se llama "región celeste". Por eso, podríamos

---

[7] Santiago 4:1: "¿De dónde vienen las guerras y los pleitos entre vosotros? ¿No es de vuestras pasiones, las cuales combaten en vuestros miembros?".

llamarle correcta y bíblicamente en vez de una "esfera", una región celeste. Pero lo puse así para que vean lo que es una región celeste. Es la parte espiritual, la parte invisible y la parte eterna.

Capítulo 4:
Rangos espirituales

En este capítulo veremos la parte de los rangos espirituales: cómo es que los ángeles se dividen, su función, etc. Y también veremos por qué el Señor y el Apóstol Pablo utilizan estas palabras.

Nuestra lucha es constante y se menciona que no es contra sangre y carne, sino contra *"principados, potestades, gobernadores de las tinieblas y huestes espirituales de maldad"*.

Primeramente, son palabras humanas porque: ¿Qué es un principado sino el príncipe de un reino? ¿Qué es una potestad si no alguien que tiene autoridad y poder en un reino, en un palacio o en un gobierno? ¿Qué es un gobernador sino alguien que está gobernando? Utiliza palabras terrenales para declarar, especificar y detallar las funciones en las regiones celestiales. Dice: "Así como hay personas que son príncipes en la tierra, así también hay espíritus y ángeles que son príncipes en la región celestial. Así también como hay un gobernador que gobierna sobre un área, así también hay gobernadores de las tinieblas. Así también como hay potestades, gente que tiene poder en la parte de terrenal, también allí". Utiliza palabras terrenales para explicar lo espiritual, pero es la misma idea, es el mismo concepto.

Entonces, en este sentido, cuando vemos la idea de la palabra "ángeles", hace referencia a mensajeros de Dios. Pero a los ángeles los hace espíritus y a veces los espíritus se tornan malvados, o fueron hechos malvados, o se hicieron a sí mismo malvados. Es importante notar, solamente bajo la voluntad de Dios, que a veces Dios permite que el hombre, corporal y terrenal, vea lo invisible. A eso se le suele llamar "revelación" o "visión", donde Dios permite que lo físico, lo terrenal, lo corporal, como que metiese la cabeza a la región celestial y pudiese ver lo espiritual. Y en este sentido, cuando ello ocurre, Dios a veces permite por su voluntad que lo físico, que los hombres, vean lo espiritual. No es siempre, sino solamente por voluntad divina.

Como cuando aquel hombre de Dios y su siervo ven un gran ejército delante de ellos, y dice: "Señor, ábrele los ojos para que vea que son más con nosotros que los que están contra nosotros" (*cf.* 2° Reyes 6:16-17). Y en ese momento abre los ojos, como si Dios le hubiera permitido meter la cabeza dentro de la región celestial, y pudiera ver lo que nadie podía ver en la parte física. Es como cuando usted está en el mar y desde arriba no puede ver los peces ni lo que hay debajo del mar, pero de pronto sumerge la cabeza y abre los ojos y puede ver lo que está dentro.

Así es el mundo en el que vivimos: lo terrenal y lo celestial, lo físico y lo espiritual. Por eso podemos ver, en el sentido de los ángeles, cómo es que en Daniel 3:25 y 6:22 vieron un ángel, ya que fue por una revelación:

> **Daniel 3:25:** *"Y él dijo: He aquí yo veo cuatro varones sueltos, que se pasean enmedio del fuego sin sufrir ningún daño; y el aspecto del cuarto es semejante a hijo de los dioses".*

> **Daniel 6:22:** *"Mi Dios envió su ángel, el cual cerró la boca de los leones, para que no me hiciesen daño, porque ante él fui hallado inocente; y aun delante de ti, oh rey, yo no he hecho nada malo".*

Y también podemos verlo en el caso de Mateo:

Mateo 28:2-3: *"Y hubo un gran terremoto; porque un ángel del Señor, descendiendo del cielo…"*.

Ahora, veamos que cuando la Biblia dice "del cielo", no está hablando en la idea física, como que bajó de la atmósfera; como que bajó de Marte o de la luna. Sí, descender significa bajar, pero solamente habla en términos humanos para poder entenderlo. Porque la parte de: *"…descendiendo del cielo y llegando, removió la piedra"*, indica el paso de una región celestial a lo temporal. Porque por sí mismo no lo podía hacer, a menos que Dios le diera permiso. Siendo el Creador de lo visible e invisible, puede hacer lo que Él quiera. Y puede hacer que lo que pase en ese mundo, sea lo que Él quiera.

Y dice: *"descendiendo del cielo y llegando, removió la piedra, y se sentó sobre ella. Su aspecto era como un relámpago…"*. O sea, ¿qué es un relámpago sino una luz? Pero esa idea de "era como", es un símil, no indica que fuera un relámpago, sino que menciona algo similar o parecido a un relámpago como con mucha luz. Dice: *"un relámpago, y su vestido blanco como la nieve"*. ¿Por qué? Porque el vestido solamente se puede poner sobre el cuerpo. *"Pero era como"*, o sea, lo que pasó aquí es que se le permitió ver de lo físico a lo invisible, y al ver eso, vio al ángel.

Mateo 28:4: *"Y de miedo de él los guardas temblaron y se quedaron como muertos"*.

Ahora, los soldados tuvieron que darse cuenta de que este no era otro soldado ni tampoco un ser humano, y se dieron cuenta de que era algo que no era parte de esta tierra.

> **Mateo 28:5:** *"Mas el ángel, respondiendo, dijo a las mujeres: No temáis vosotras; porque yo sé que buscáis a Jesús, el que fue crucificado".*

¿Por qué se le llama ángel? Porque está llevando un mensaje de parte de Dios. En este sentido, los ángeles son visibles e invisibles.

> **2° Samuel 14:20:** *"Para mudar el aspecto de las cosas Joab tu siervo ha hecho esto; pero mi señor es sabio conforme a la sabiduría de un ángel de Dios, para conocer lo que hay en la tierra".*

Cuando hablé del "espíritu de hombre" mencioné que uno va acumulando el conocimiento que tiene a través de la vida, la conciencia. ¿Qué pasaría si nosotros no muriéramos o, mejor dicho, no tuviéramos cuerpo físico? Si esto fuera así, ¿qué pasaría si yo pudiera estar en la tierra durante mil años? ¿Cuánto no sabría? ¿Cuánto no conocería acerca de la humanidad y del estudio de la tierra? Los ángeles saben más que nosotros porque sin cuerpo físico son eternos. Todos los ángeles saben cómo es el Cielo, los que cayeron del Cielo saben desde el momento que cayeron, cómo es la humanidad a través de los últimos ocho o nueve mil años. Su capacidad es inmensurable, conocen demasiado. Es como un cazador que caza animales. Por ejemplo, un cazador que caza ciervos sabe cómo actúan, sabe cómo se mueven; sabe cómo corren y cómo saltan.

Sabe como cazarlos porque los ciervos tienen unas cualidades o características específicas. Y así somos los seres humanos. El diablo nos conoce y sabe perfectamente cuáles son nuestras cualidades y características. No somos todos iguales, pero todos reaccionamos de la misma manera. Así como en el Antiguo testamento un hombre tenía avaricia, también la tenía en el Nuevo Testamento.

El diablo nos conoce, porque nos ha estudiado. Él no tiene nuestros mismos años de vida, para empezar, es eterno y lleva ocho mil años estudiando a la humanidad, y la ha estudiado bien. Sabe cómo funcionamos. Porque todos tenemos las mismas tendencias y las mismas debilidades. Por eso compara aquí: *"Mi señor es sabio conforme a la sabiduría de un ángel de Dios"*. Es muy sabio.

Ahora bien, no solamente es sabio. En la segunda carta de Pedro capítulo 2, versículo 11, se declara que los ángeles también son muy fuertes, porque su fortaleza no se mide en la parte física sino en la espiritual. Son más poderosos que nosotros porque no nos podemos comparar a ellos. Primero, por el cuerpo físico. Porque el cuerpo físico es débil y ellos no lo tienen. Porque el cuerpo físico es débil y tenemos que dormir, y ellos no tienen que dormir. Cuando usted está planeando cómo va a vencer al enemigo, el diablo ya le estudió mientras estaba durmiendo la manera en que le va a vencer. Cuando usted saca una estrategia, él ya tiene cinco. Y si hiciéramos fuerza contra el diablo, hermanos, acabaría con nosotros. Por eso Jesús dice que la oración y el ayuno es necesario para ese género de demonios. Después veremos que a los ángeles caídos se les llama demonios.

2ª Pedro 2:11: *"Mientras que los ángeles, que son mayores en fuerza y en potencia, no pronuncian juicio de maldición contra ellas delante del Señor"*.

Y esta parte de ángeles, dice que ellos son mayores, ¿en qué? En fuerza y en potencia. Por eso el ejercicio corporal para pocos es provechoso, pero la piedad para todo[8], porque la piedad puede pelear contra los ángeles. Pero el cuerpo no puede pelear contra los ángeles. Por eso lo más importante que tenemos como seres humanos se encuentra en nuestro corazón. Cuando nuestro corazón está vacío ¿cómo va a pelear? ¿qué va a hacer? Ni todo el dinero ni toda la fuerza física podrá contra el diablo. Usted tiene que saber contra quién está peleando. Cuando la serpiente vino a Eva, nosotros lo leemos y nos podemos llegar a preguntar: "¿Por qué Eva no le dijo que no?". La serpiente fue muy astuta, sabía cómo engañar a Eva. Digamos que Eva es la primera mujer de toda la creación a la cual supo por dónde atacarle: vanidad. Le dice: "No, es que Dios ha dicho esto", "no, es que Dios sabe que vas a ser igual que Él".

La parte más débil de una mujer es la vanidad. "¿Voy a ser como Dios?". Por eso la mujer muchas veces pelea por la parte de querer ser hombre, y esa es una de las vanidades más grandes que tienen las mujeres: "Yo puedo ser como un hombre"; "yo no necesito ayuda de nadie"; "yo

---

[8] Referencia bíblica: 1ª Timoteo 4:8: "Porque el ejercicio corporal para poco es provechoso, pero la piedad para todo aprovecha, pues tiene promesa de esta vida presente, y de la venidera".

puedo controlar todo"; "puedo ser cabeza del hogar también". La vanidad es la pelea más grande de la falta de sujeción. La mujer dijo: "Si yo puedo ser como Dios, ¿por qué no? El diablo conocía su punto débil y cómo tentarle. Y a Adán también, por medio de la mujer. Por eso la serpiente pensó: "Voy a utilizar a la mujer". Porque sabía que para llegar a Adán lo tenía que hacer a través de la mujer. Era muy astuta.

Cuando usted ve a los ángeles en Colosenses capítulo 1, versículo 16, ve que son muy fuertes, inteligentes, y con mucho conocimiento. Los ángeles caídos no son sabios, pero sí lo son los ángeles que todavía son celestiales.

Colosenses 1:16: *"Porque en él fueron creadas todas las cosas, las que hay en los cielos y las que hay en la tierra, visibles e invisibles; sean tronos, sean dominios, sean principados, sean potestades; todo fue creado por medio de él y para él".*

No es la primera vez que en la Escritura se utilizan nombres para hablar de estos "espíritus inmundos" o "ángeles caídos". Son nombres y títulos que se utilizan para mostrar las funciones que ellos tienen. Es decir, lo que es un trono aquí en la tierra cuando alguien se sienta y gobierna, también es un trono allí. Y lo que es un príncipe o principado aquí, es un príncipe allí. Por eso al diablo se le llama "el príncipe de la potestad del *pneuma, del aire".* ¿Por qué del aire? Porque de los ángeles ¿hace qué? "Espíritus", "vientos". El diablo es el príncipe, no es cualquier ángel. Es el príncipe. ¿Entienden? Y veremos que este ángel, el diablo, no solamente es un príncipe o un principado, también fue un querubín en su tiempo. Y, por lo tanto, su manera de actuar, hermanos, es muy sutil. Y en esta región celestial, invisible, eterna, los espíritus no se pueden reproducir. Solamente pueden ser creados por Dios, pero no se pueden reproducir. Sin embargo, en Génesis capítulo 3, en el verso 14 y 15, dice así esta profecía:

> **Génesis 3:14-15:** *"Y Jehová Dios dijo a la serpiente: Por cuanto esto hiciste, maldita serás entre todas las bestias y entre todos los animales del campo; sobre tu pecho andarás, y polvo comerás todos los días de tu vida. Y pondré enemistad entre ti y la mujer, y entre tu simiente y la simiente suya; ésta te herirá en la cabeza, y tú le herirás en el calcañar".*

Aquí hay un problema. Simiente significa familia, genealogía o linaje. Es imposible que algo espiritual se pueda reproducir. Sin embargo, se dice que la serpiente o el diablo, tendrá simiente. Jesús dijo que seremos como los ángeles del Cielo[9], donde no hay distinción sexual o género. Los espíritus no se pueden reproducir, pero dice que el diablo se puede reproducir porque no lo dice de forma espiritual sino en cuanto a semejanza.

En el Evangelio de Juan, en el capítulo 8, nos muestra esta idea de la simiente del diablo o de la serpiente.

_____

[9] Referencia bíblica: Marcos 12:25: "Porque cuando resuciten de los muertos, ni se casarán ni se darán en casamiento, sino serán como los ángeles que están en los cielos".

Juan 8:37-44: *"Sé que sois descendientes de Abraham; pero procuráis matarme, porque mi palabra no halla cabida en vosotros. Yo hablo lo que he visto cerca del Padre; y vosotros hacéis lo que habéis oído cerca de vuestro padre. Respondieron y le dijeron: Nuestro padre es Abraham. Jesús les dijo: Si fueseis hijos de Abraham, las obras de Abraham haríais. Pero ahora procuráis matarme a mí, hombre que os he hablado la verdad, la cual he oído de Dios; no hizo esto Abraham. Vosotros hacéis las obras de vuestro padre. Entonces le dijeron: Nosotros no somos nacidos de fornicación; un padre tenemos, que es Dios. Jesús entonces les dijo: Si vuestro padre fuese Dios, ciertamente me amaríais; porque yo de Dios he salido, y he venido; pues no he venido de mí mismo, sino que él me envió. ¿Por qué no entendéis mi lenguaje? Porque no podéis escuchar mi palabra. Vosotros sois de vuestro padre el diablo…"*.

¿Cómo es posible que el diablo pueda tener hijos si no se puede procrear? Porque el linaje diabólico no es uno de procreación, sino uno de similitud. El diablo sabe que no puede procrearse, pero sabe que lo que puede hacer es que los seres humanos sean iguales a él. ¿Y cuál es esta igualdad o semejanza, si no la soberbia, la rebeldía y la falta de sujeción? Por eso cuando un hombre en cuerpo físico se revela, se hace soberbio y no se sujeta a Dios, se vuelve un hijo del diablo. El diablo se ha procreado, pero no en forma física sino en forma espiritual. No es que él tuviese hijos, sino que sus hijos son semejantes a él. Por eso Juan dice: *"Vosotros sois hijos de vuestro padre el diablo"*. Porque hay hijos de Dios, y hay hijos del diablo. Y esa simiente es la que estaría en lucha contra la simiente de la mujer. Esa es la pelea que ha habido desde el principio.

¿Por qué nosotros a veces sufrimos en este mundo por la pelea constante que tenemos contra la simiente de la serpiente? Jesús les dice a los fariseos, a los judíos: "Ustedes no son hijos de Abraham, si ustedes fueran hijos de Abraham, me oirían". Lo mismo ocurre en la Iglesia, hay hijos de Dios y hay hijos del diablo. Así también, los que no me aman a mí, porque no saben de dónde vengo, no saben lo que predico, son hijos del diablo, y son simiente. Y la lucha es aquí, no afuera, aquí. Pero cuando digo afuera ¿a qué me refiero? Aquí es en la región celestial, aunque aquí nos vemos solamente en cuerpo físico. Y en la región celestial, hay una sección a la que se le llama tinieblas, oscuridad. Y esa oscuridad es donde están todos los ángeles caídos.

Por eso, si alguno no ama su hermano, sino que lo aborrece[10], todavía está rodeado de esos ángeles caídos y es manipulado por ellos. No puede pelear la lucha espiritual. Y la lucha, hermanos, es individual. Cada uno come de su propio fruto. Yo no puedo decidir por mi esposa, ni mi esposa puede decidir por mí. Yo tengo que pelear mi lucha y ella tiene que pelear su lucha. Y puede ocurrir que uno de los dos sea vencido por Satanás. Por eso, tenemos que orar

---

[10] Referencia bíblica: 1ª Juan 4:20: "Si alguno dice: Yo amo a Dios, y aborrece a su hermano, es mentiroso. Pues el que no ama a su hermano a quien ha visto, ¿cómo puede amar a Dios a quien no ha visto?".

constantemente, ella por mí y yo por ella. Y tenemos que someternos en el temor de Dios constantemente, porque de otra manera caeré, o caerá ella bajo las garras del enemigo.

Físicamente hablando, para que lo entendamos, la idea de Cielo está arriba. Pero decía, ¿verdad que no descendió de la Luna? ¿De dónde realmente vino el ángel? Del mundo invisible, de la región celestial.

Cuando Jesucristo asciende al Cielo y también dos varones, dice que subieron y de pronto ¿qué? ¿En qué punto o en qué metro de la altitud desaparecieron? ¿En la capa de ozono? A la vista de ellos. Pero fue ¿a qué tiempo? Está hablando de pasar de este mundo a este otro mundo. A eso me refería. Por eso cuando Esteban estaba siendo asesinado, dice que vio. O sea, se le permitió ver del mundo visible al mundo invisible. ¿Y los demás lo vieron? No, solamente él lo vio.

Por eso cuando Juan, el Apóstol, tiene la revelación del Apocalipsis, sólo a él se le permite entrar. Pero ¿dónde entra? Dice que él subió al Cielo, pero ¿a qué parte? Me refiero a que no es algo terrenal sino espiritual.

Capítulo 5:
Derrotando al espíritu de Amalec

Éxodo 17:8-16: *"Guerra con Amalec. Entonces vino Amalec y peleó contra Israel en Refidim. Y dijo Moisés a Josué: Escógenos varones, y sal a pelear contra Amalec; mañana yo estaré sobre la cumbre del collado, y la vara de Dios en mi mano. E hizo Josué como le dijo Moisés, peleando contra Amalec; y Moisés y Aarón y Hur subieron a la cumbre del collado. Y sucedía que cuando alzaba Moisés su mano, Israel prevalecía; mas cuando él bajaba su mano, prevalecía Amalec. Y las manos de Moisés se cansaban; por lo que tomaron una piedra, y la pusieron debajo de él, y se sentó sobre ella; y Aarón y Hur sostenían sus manos, el uno de un lado y el otro de otro; así hubo en sus manos firmeza hasta que se puso el sol. Y Josué deshizo a Amalec y a su pueblo a filo de espada. Y Jehová dijo a Moisés: Escribe esto para memoria en un libro, y di a Josué que raeré del todo la memoria de Amalec de debajo del cielo. Y Moisés edificó un altar, y llamó su nombre Jehová-nisi; y dijo: Por cuanto la mano de Amalec se levantó contra el trono de Jehová,*

Jehová tendrá guerra con Amalec de generación en generación".

Deuteronomio 25:17-19: *"Acuérdate de lo que hizo Amalec contigo en el camino, cuando salías de Egipto; de cómo te salió al encuentro en el camino, y te desbarató la retaguardia de todos los débiles que iban detrás de ti, cuando tú estabas cansado y trabajado; y no tuvo ningún temor de Dios. Por tanto, cuando Jehová tu Dios te dé descanso de todos tus enemigos alrededor, en la tierra que Jehová tu Dios te da por heredad para que la poseas, borrarás la memoria de Amalec de debajo del cielo; no lo olvides".*

Partimos de la base de que Amalec era un pueblo real, que existía y que se había arraigado en la tierra de Canaán antes de que el pueblo de Israel saliera de la esclavitud de Egipto. Y Amalec, como vamos a ver en este capítulo, fue el primer pueblo que se atrevió a atacar directamente al pueblo de Israel. E utilizó una estrategia muy interesante, la cual fue atacarle por la parte de atrás, por la retaguardia. No era un enemigo que se caracterizara por ir de frente, como podrían serlo otros enemigos de la Biblia; sino que era el enemigo que se aprovechaba de la parte débil. Iba a por los cansados, los enfermos, los que no podían ir al mismo ritmo que los demás. Esa era la forma en que atacaba Amalec: por la espalda.

A continuación, mencionaré algunas cuestiones para ir profundizando en el tema que voy a tratar.

Amalec era esa nación que intentó destruir al pueblo de Israel a lo largo de toda su historia. En términos físicos, Amalec fue una nación de individuos que odiaban a los judíos con un odio violento y mortal. Pero cualquier fenómeno físico tiene una raíz espiritual. Es decir, todo fenómeno físico no es más que una fuerza espiritual que se manifiesta en el mundo terrenal. Pues en muchas ocasiones, lo natural solo es un reflejo de lo espiritual.

Cuando usted va, por ejemplo, caminando y ve su sombra en el suelo, la sombra no es usted, sino que es un reflejo de lo que usted realmente es. Es decir, lo que vemos es la sombra, es un reflejo de lo que no se puede ver. Entonces, cuando ocurre algo en el mundo natural, el hombre que no tiene al Espíritu de Dios, no puede interpretar o siquiera percatarse de lo que está detrás de ese fenómeno aparentemente normal. Cree que es algo que ocurrió como producto de la casualidad o como una intervención de la naturaleza, pues no sabe discernir lo que está pasando detrás de esa o cualquier otra situación, como una guerra, etc.

Sin embargo, quisiera insistir en esto: para nosotros los creyentes, los acontecimientos aparentemente normales y naturales de la vida tienen una lectura diferente, pues lo natural es un reflejo de lo espiritual. Entonces, el apóstol

Pablo, que era conocedor de esta gran verdad que estoy mencionando, cuando él escribe la primera carta a los hermanos de la iglesia de Corinto, dice que "cuanta cosa ocurrió en el Antiguo Testamento, desde que salieron de la tierra de Egipto hasta que llegaron a la Tierra Prometida, todo aquello fue una especie de sombra" (*cf.* 1 Cor. 10:1-22). Todo aquello es un ejemplo natural de lo que está ocurriendo en el mundo espiritual, y sobre todo en el tiempo en el cual vivimos nosotros hoy en día.

Los enemigos naturales a los que tuvo que enfrentarse Israel, como los amalecitas, los amorreos, los jebuseos, etc., son simplemente un ejemplo o un botón de muestra visible, objetivo, de esos enemigos espirituales con los cuales tendría que enfrentarse el pueblo de Dios a lo largo de la historia. El faraón fue un tipo de Satanás y

Moisés fue un tipo de Cristo, el personaje o instrumento que el Señor utilizó para liberar, para sacar de la esclavitud al pueblo de Israel. La Tierra Prometida fue un ejemplo de nuestra nueva vida en Cristo, de como podemos disfrutar de su libertad, de como podemos servir y conocer al Señor, etc.

Así que todo lo que vamos a estar viendo acerca de Amalec, ocurrió realmente, ya que hubo un pueblo que existía y se llamó Amalec. Hay dos figuras de dicción muy importantes en la Biblia. Las iremos estudiando Dios mediante. Una es el "tipo" y otra es el "anti tipo". Amalec es el "tipo". El "tipo" es lo que prefigura, lo que anticipa lo que va a suceder en el futuro. Y cuando usted ve el cumplimiento de ese "tipo" en la persona real o en el acontecimiento real, eso es el "anti tipo". Entonces, Amalec es un "tipo" de todos los enemigos que a lo largo de la historia se enfrentarían, no solamente con el pueblo de Israel, sino con todos los creyentes en el Dios de Israel.

Quédense con esto: "Todo fenómeno físico no es más que una fuerza espiritual que se manifiesta en el mundo". Amalec representa, por lo tanto, esa fuerza que desea destruir al pueblo de Dios y a su destino o propósito. Ahora bien, ¿qué fuerza espiritual es la que representaba en su momento el pueblo de Israel? ¿por qué tenía tanto empeño en destruir a ese pueblo? ¿por qué el pueblo de Israel tenía el deber de mantener la presencia de Dios en el mundo? Porque era el único pueblo, en aquel momento, monoteísta de la tierra. Y en cierta ocasión, Dios les dijo que ellos iban a ser sus testigos. Todos los pueblos que en aquel tiempo existían, todos, absolutamente, salvo el pueblo de Israel eran politeístas. En la Biblia hay una lista enorme de dioses que se adoraban en aquel tiempo: Quemos, Moloc, Balac, Astarot, Astar, Astarte, y tantos.

El único pueblo que tenía la creencia en un único Dios creador del cielo y de la Tierra y de todo lo visible, era el pueblo de Israel. Por lo tanto, si a un enemigo se le ocurría, como es el caso de Amalec, atacar y destruir al pueblo de Israel, automáticamente la tierra quedaría sin testimonio. La Tierra quedaría sin un botón, sin un punto de referencia de que había un Dios único y verdadero. Pues en aquel momento, la obligación de Israel era proclamarlo y anunciarlo a los cuatro vientos sobre toda la faz de la Tierra.

Por lo tanto, cuando leemos que Amalec a quien realmente atacaba era al trono de Dios, pues uno puede darse cuenta de que el objetivo final de Amalec no era solamente destruir físicamente a una serie de personas llamadas en aquel tiempo "el pueblo de Israel" o "los judíos". Sino que el objetivo de Amalec era que en la Tierra no hubiera testimonio de que un día hubo un Dios que creó el Cielo, la Tierra, las naciones, los peces, al hombre, etc. Y, por lo tanto, es como si hubiera matado a Dios.

La existencia de Dios quedaría borrada, no habría testimonio, no habría vestigio en la historia de que hay un Dios creador; porque el único pueblo que lo representaba y creía en Él, y le honraba y le servía, eran ellos. Al desaparecer, al destruir a este pueblo, automáticamente ya a Dios no se le vería por ninguna parte.

Entonces, por eso cuando leemos que Amalec se levanta contra el trono de Dios, la palabra o expresión "trono de Dios" representa su soberanía, su dominio, su majestuosidad, su presencia, su existencia en el mundo. Eso es lo que significa.

Fíjense que por ejemplo antes de Amalec, Satanás lo que intentaba era destronar a Dios. No solamente quitar a Dios de en medio, sino que no se hablara de Él, de su existencia, de su obra. Y de esa manera, el mundo quedaría a la deriva como un barco sin timón. "No hay presencia de Dios, no hay testimonio de Dios, por lo tanto, comamos y bebamos que no pasa nada": Ese era el objetivo de Amalec.

La función de un testigo es fundamentalmente dar testimonio de aquello que no puede ser visto. Los testigos son personas que cuando algo ha ocurrido y ellos han podido verlo, son llamados, pero si algo está presente o es evidente, son totalmente innecesarios. Solo cuando la cosa o suceso no puede ser percibido directamente, entonces es cuando se les llama. ¿Usted estuvo allí? ¿Usted vio que él le atacó? ¿Y qué dijo? ¿Usted lo vio? ¿Y cómo fue? ¿Y cuántos eran? Así que, si lo que el testigo va a decir es evidente o visible, su presencia es totalmente innecesaria.

Por tanto, como la presencia o la soberanía del Señor era un concepto abstracto, invisible, tenía que haber una presencia visible. En este caso, era el pueblo de Israel. Cada vez que la gente levantaba la cabeza y veía un pájaro cruzar por el pueblo, tenía que dar testimonio de que ese pájaro no salió de la nada. Sino que detrás de ese pájaro había un

Creador que lo diseñó, que lo formó y que lo puso ahí. También, cuando pasearan por el campo y vieran las flores, los animales, las estrellas, el Sol, la Luna, etc. En aquel tiempo ellos eran los únicos testigos de todo esto. Y como ya he mencionado anteriormente, el objetivo de Amalec era borrar de la faz de la tierra todo vestigio y presencia de Dios.

La presencia de Dios no era percibida de manera directa en el mundo. Por ese motivo, en aquel momento el pueblo de Israel era único testigo que tenía la tarea de dar testimonio de que "detrás de las bambalinas" se hallaba la presencia del Señor. Si ellos callaban, Dios quedaba automáticamente mudo. Digamos que, en cierto sentido, Israel era "la boca de Dios" en aquel momento. Era el testigo puesto por Dios que podía decirle al mundo que detrás de la creación había un Creador y un Diseñador.

De la misma manera, hoy en día todos y cada uno de nosotros, no solo con nuestras palabras, sino con nuestras vidas, tenemos que dar testimonio de la existencia y de la presencia de Dios al mundo. Es por ello que la persecución no abarca solamente al pueblo de Israel, sino a todo aquel que ha creído, confiado y depositado su fe en el Dios del pueblo de Israel, en el Dios único y verdadero. Por eso Amalec no solamente ataca y sigue atacando al pueblo de Israel, sino que también ataca a todo el conjunto del pueblo de Dios, y ahí lógicamente entramos tú y yo.

Capítulo 6:
Los territorios marcados por el enemigo

El pueblo de Israel es el único pueblo monoteísta del mundo. Es el único pueblo que va de un extremo a otro. O cree en el único Dios verdadero, el Dios de Abraham, Isaac y Jacob, o no cree en nadie. No hay católicos judíos. No hay personas que se abrazan a cualquier otra creencia o religión. O creen o no creen. O son creyentes en el Dios único y verdadero o son ateos, son paganos, y no les interesa absolutamente nada. Por eso es el único pueblo que, en el medio oriente, rodeado de más de doscientos millones de árabes, que da testimonio de que el Dios que se adora en ese pequeño país, en ese pequeño territorio, es un Dios diferente. No es Alá, no es Mahoma, no es el Corán, sino es el Dios de siempre. Y por eso una guerra constante y permanente contra ese pueblo que está marcando allí una diferencia. Si el pueblo de Israel fueran todos musulmanes, si el pueblo de Israel en vez de adorar al Dios de Abraham, de Isaac y Jacob, adoraran a Alá y creyeran en Mahoma y tuvieran el Corán, automáticamente se acabaría el conflicto. Pero como no es así, es una piedra en el zapato. Es un pueblo que va en contra de la norma establecida de la zona y por lo tanto el enemigo no quiere que en un territorio donde el ha hecho lo que le ha dado la gana durante generaciones y generaciones, haya un pueblo, por así decirlo, que le lleve la contraria. Pero ahora no solamente existe ese pueblo, ahora no solamente hay esa gente allí, sino que ahora hay por toda la faz de tierra, por los cinco continentes de la tierra, más de mil millones de personas que creen también en el Dios de los judíos o en el Dios que vino a través del pueblo de Israel. Por lo tanto, la guerra es contra todo creyente verdadero en el Dios único y verdadero que es nuestro Dios.

Amalec está dispuesto a sacrificarse a fin de destruir completamente cualquier evidencia de la presencia de Dios en el mundo. Está dispuesto a hacer cualquier cosa con tal de borrar la existencia y el testimonio de Dios en la tierra. El mayor acto de obediencia pedido por Dios a un hombre fue el acto de sacrificar a un hijo. Ese fue el mayor acto de obediencia que jamás Dios le ha pedido a un hombre. Ya se que hay otros casos, como por ejemplo el de Saúl, que también lo vamos a analizar, era un acto de obediencia de acatar la voluntad, la misión de Dios para su tiempo, pero nada que ver con el hecho de que Dios te pida que mates a tu hijo. Es mucho más fácil matar a un filisteo que matar a tu hijo. Es mucho más fácil construir un barco en medio de la nada como hizo Noé que matar a tu hijo.

Es mucho más fácil hacer la guerra a tus enemigos y despropiarlos de sus tesoros y construir un templo a tu Dios, que matar a tu propio hijo. El acto de obediencia más grande que jamás un hombre ha tenido que realizar es el caso de cuando Dios le pide a Abraham que sacrifique a su hijo. Por lo tanto, ellos saben perfectamente que en esa cultura el acto de obediencia más grande que un hombre estuvo dispuesto a hacer fue sacrificar a su propio hijo. En cierto sentido, un hijo es una proyección de uno mismo. Como alguien dijo: "¿qué es un hijo?" es la proyección de tu yo". Tu "yo" se proyecta en su hijo y el de tu hijo en su hijo, y así sucesivamente.

Por lo tanto, en ese contexto religioso y espiritual, Amalec está dispuesto a sacrificarse a si mismo, porque saben que es el mayor acto de obediencia y de sacrificio y de fervor religioso que un ser humano puede expresar a ese Dios. Ese es el espíritu de Amalec, un espíritu que está dispuesto a ir más allá de lo lógico, de lo normal, del sentido común. Amalec le domina este espíritu de estar dispuesto incluso a inmolarse de hacer lo que haga falta con tal de que ese Dios en el cual ellos no creen y lo desprecian, sea totalmente aniquilado. Está dispuesto como hemos dicho al sacrificio. Está dispuesto a sacrificar todo, absolutamente todo, con tal de alcanzar esa meta. Por ejemplo, si ustedes van a la ciudad de Yenín, la ciudad de Ramala, a la franja de Gaza y a otras poblaciones palestinas, las calles, las avenidas, los bulevares, los parques de esas ciudades tienen los nombres de todos aquellos "mártires" que han dado su vida por la causa palestina. Es decir, cuando una persona va por ejemplo a Jerusalén o a cualquier otra ciudad de ese país y se inmola o de cualquier otro país, el nombre de ese asesino, el nombre de ese criminal, pues automáticamente recibe pues un reconocimiento en la ciudad de donde ha nacido. Se le pone en la calle el nombre del mártir fulanito de tal. Increíble. Entonces, está dispuesto a sacrificar todo lo que tiene, con tal de alcanzar esa meta.

Amalec es la distancia (ahora entramos en otro concepto) entre lo físico y lo espiritual. En ese espacio, ese es el terreno donde el vive y se mueve como pez en el agua. Y está dispuesto a sacrificar su vida para defender ese espacio. Es como por ejemplo cuando un perro está en su territorio, es capaz de hacer lo que haga falta con tal de defender su territorio, por eso los machos marcan el terreno como diciendo: "esto es mío". Satanás también tiene territorios marcados, señalados, donde el cree que ahí puede hacer lo que quiera. Y coloca a sus instrumentos, sea Amalec o sea quien sea. Y está dispuesto a defender ese territorio a muerte. Por eso cuando el apóstol Pablo, y leeremos esta porción en el día de hoy en Efesios 6, el habla de espíritu territoriales. No solamente de demonios que en un momento determinado individualmente pueden afectar o enfermar a personas, o debilitarlas, o incluso hasta matarlas, enajenarlas como el caso también del endemoniado gadareno, sino que incluso marca territorios. Marca zonas, ciudades, países, donde considera que él es el dueño, el príncipe de la potestad del aire, principados, gobernadores de las tinieblas de este siglo. Huestes espirituales de maldad, etc.

Entonces, en un sentido profundo, el significado de esta batalla entre Amalec y el pueblo de Dios, es que ellos luchan contra Dios y contra su presencia en el mundo. Esta es la raíz de todas las batallas y de todas las guerras. Así de claro.

Capítulo 7:
La falta de perdón y las enfermedades

Una de las cosas que debemos tener presente a la hora de estudiar un pasaje, es ver de dónde viene esa historia y cuáles son los capítulos anteriores. Vayamos por ejemplo al capítulo 15 de Éxodo. En este capítulo, ustedes se van a dar cuenta de que uno de los problemas que generalmente Israel tenía, era la falta de agua. Ellos estaban en pleno desierto. El agua en el desierto es oro. Por lo tanto, cuando faltaba el agua, el problema era terrible. El estado de ánimo de la gente cambiaba y su comportamiento era diferente cuando había agua que cuando no la había. La murmuración ni aparecía en el campamento mientras las necesidades materiales, sobre todo el agua, estaban cubiertas. En el momento en que faltaba el agua o la comida; en el momento en el que lo material faltaba, automáticamente la espiritualidad del pueblo decaía y surgía la carnalidad. Y aquella gente que hace dos días estaba alabando a Dios después de cruzar un mar, profetizando y glorificando al Señor, se olvidaban de todo aquello cuando faltaba el agua. Por eso, ustedes se van a dar cuenta del valor tan grande que tenía el agua. La mayoría de los salmos donde aparece la palabra "agua", se escribieron en el desierto. Por ejemplo, el número uno: "Bienaventurado el varón que no anduvo en consejo de malos". Y habla de que será como un árbol plantado junto a corrientes de agua. El Salmo 42: "Mi alma tiene sed de Dios, del Dios vivo" y tantos salmos que hablan del agua. Era un elemento tremendamente valorado.

Bueno, pues en el capítulo 15 de Éxodo, del versículo 22 al 27, encontramos una parada de las tantas que hizo el pueblo de Israel antes de llegar a la Tierra Prometida. Encontramos una parada donde encontraron agua. Si, había agua, pero no se podía beber. Entonces ¿para qué la queremos? Ellos se pararon en un lugar que en hebreo se llama *Mará*. *Mará* significa amargura. Vamos a leer el pasaje para que nos demos cuenta qué cosa tan interesante ocurrió aquí.

> **Éxodo 15:22-25:** *"E hizo Moisés que partiese Israel del Mar Rojo, y salieron al desierto de Shur; y anduvieron tres días por el desierto sin hallar agua. Y llegaron a Mara, y no pudieron beber las aguas de Mara, porque eran amargas; por eso le pusieron el nombre de Mara. Entonces el pueblo murmuró contra Moisés, y dijo: ¿Qué hemos de beber? Y Moisés clamó a Jehová, y Jehová le mostró un árbol; y lo echó en las aguas, y las aguas se endulzaron. Allí les dio estatutos y ordenanzas, y allí los probó"*.

Esto es una prueba. Esta es la primera dificultad que se encuentra el pueblo de Israel cuando sale de Egipto. Vendrían otras, pero esta sería la primera.

"Ustedes han visto mi gloria en Egipto; han visto cómo el Faraón murió y cómo su ejército fue destruido; han visto el mar rojo abierto. A ver como reaccionan ahora, porque ya se cómo reaccionan en la alegría. A ver como reaccionan ahora en la adversidad". Pues, como se esperaba ¿no? Con murmuración.

Éxodo 15:26-27: *"Y dijo: Si oyeres atentamente la voz de Jehová tu Dios, e hicieres lo recto delante de sus ojos, y dieres oído a sus mandamientos, y guardares todos sus estatutos, ninguna enfermedad de las que envié a los egipcios te enviaré a ti; porque yo soy Jehová tu sanador. Y llegaron a Elim, donde había doce fuentes de aguas, y setenta palmeras; y acamparon allí junto a las aguas".*

Los lleva a Mara, pero no pueden beber el agua ya que es amarga. El Señor les muestra un árbol que es un tipo de Cristo, de como endulza la vida, de como endulza las aguas. Allí los prueba, les da estatutos, les da leyes y dice: "Ok, ya veo como reaccionan cuando no tienen agua, vamos a otra parada". Los lleva a *Elim*, donde dice que había, y hasta el día de hoy sigue habiendo, doce fuentes de aguas y setenta palmeras. Dice la Biblia que Moisés llegó a tener setenta ancianos. Una palmera para cada anciano. Y no solamente se refiere a una palmera en singular, sino a un grupo de palmeras para cada anciano. Y doce fuentes de agua para que cada tribu tuviera su propia agua y no dependieran el uno del otro, sino cada uno tuviera su propia fuente de agua.

Y allí el Señor les da una promesa maravillosa. La promesa que el Señor les da allí es que, si ellos se comportan, obedecen al Señor y no "meten la pata", se someten al Señor, piden perdón y llevan una vida correcta; pues ninguna enfermedad les afectaría. Ahora bien, si un día hiciéramos un estudio detallado de cuántas enfermedades menciona la Biblia, nos quedaríamos asombrados. Porque incluso en los tiempos en los que el Señor le dio la Palabra al pueblo de Israel, había enfermedades que no existían. Pero ellos podían activar una serie de enfermedades que no existían. En Deuteronomio 28, el Señor les dijo: "Si ustedes me obedecen, si se someten a mi Palabra y viven en sometimiento a mi Palabra, a mis estatutos y a mis leyes, ninguna enfermedad de las que mandé a los egipcios se las mandaré a ustedes. Pero si ustedes no me obedecen…". Y comienza a mencionar una serie de enfermedades que hasta ese momento ni existían en el mundo. Así que el tema del perdón y de vivir cerca del Señor es muy interesante.

> *EN HEBREO:*
> **MEJILÁ:** PERDÓN
> **MAJALEH:** ENFERMEDAD

Ahora bien, estas dos palabras que ustedes tienen ahí (*mejilá* y *majaleh*), en hebreo se escriben sin vocales. Se escribiría una "m", una "j" y una "l". porque en hebreo no hay vocales. Es decir, que la misma palabra se puede leer como "*mejilá*" o se puede leer como "*majaleh*". ¿Qué nos está diciendo el Señor? ¿Qué le estaba diciendo el Señor a su pueblo en Mara?: "Si ustedes me obedecen, se someten a mis estatutos y a mis leyes, si ustedes realmente viven una vida de perdón; ninguna enfermedad les afectará". Hay un antídoto divino y sobrenatural contra la enfermedad y es vivir sometido a la voluntad de Dios.

Hace algún tiempo leí un artículo muy interesante que hablaba sobre las principales causas de muerte en Israel. Claro, por supuesto, lógicamente hay también enfermedades como en cualquier parte del mundo. Pero más del 88% de la gente en Israel ¿saben de qué muere? De vejez. Como dijo el médico cuando murió mi abuelo: "Se le acabó la pila". Tenía una pila alcalina sorprendente. Es decir, que hay enfermedades que están relacionadas muy directamente con la actitud espiritual con la que usted vive. De hecho, en el libro de Proverbios, no es el tema, pero en el libro de Proverbios hay enfermedades que tienen que ver, por ejemplo, con los huesos. Que tienen que ver mucho con el perdón. La persona rencorosa, la persona que odia, la persona que no quiere perdonar, la persona que tiene esa herida contra el padre, contra la madre, contra el abuelo, contra el marido, contra lo que sea; dice que termina secándose los huesos. ¿Qué es secarse los huesos? Que los huesos pierden su función y nos terminamos oxidando; porque la enfermedad está directamente relacionada, no en todos los casos, pero en muchos casos la enfermedad está directamente relacionada con la falta de perdón, y la falta de perdón con la enfermedad.

Donde hay perdón, hay una salud emocional que afecta positivamente a su salud física y, por el contrario, exactamente igual. Entonces, allí el Señor le dijo al pueblo: "Miren, ninguna enfermedad les afectará". Pero, allí el Señor se declara y se da a conocer como *Yahweh Rapha*. Dice aquí: "Jehová tu sanador". "Pero si no me va a afectar ninguna enfermedad ¿para qué quiero tener un sanador? Porque si nunca voy a estar enfermo ¿para qué quiero tener un Dios que me sana?". "Porque yo se que ustedes no me van a obedecer. Y como se que no me van a obedecer, les digo de antemano que cuando se enfermen, cuenten conmigo, que yo les voy a sanar". ¿Qué les parece? Podría haber dicho: "Ninguna enfermedad de las de Egipto les va a afectar a ustedes". Punto, y ahí se acabaría el pasaje. Pero añade: "Porque yo soy Jehová tu sanador". "Pero si no estoy enfermo ¿para qué quiero que me sane?". "Es que yo se que ustedes van a caer en enfermedad porque van a hacer todo lo contrario a lo que yo les estoy enseñando en este lugar". Hemos estado hablando mucho acerca de un personaje llamado Amalec que, como hemos dicho en más de una ocasión, fue un personaje real. Era una tribu digamos, de salvajes, que vivían en la parte sur de Israel, ya lindando con la parte del desierto, llegando casi a la península del Sinaí. Fue el primer enemigo, el primer pueblo que sin previo aviso y sin ser atacado previamente, le ataca al pueblo de Israel que viene de una esclavitud de muchos siglos, casi cuatro siglos; y desarrolla una estrategia diferente. Porque generalmente los ejércitos en aquella época luchaban cuerpo a cuerpo. Se veían las caras. Sin embargo, Amalec no tuvo temor de Dios.

Ellos sabían quién era esa gente y sabían de dónde habían venido. Ellos habían oído los milagros impresionantes, únicos e irrepetibles que Dios había hecho por ese pueblo. Y dice que, al no tener ningún temor de Dios, al no tener en consideración lo que Dios había hecho por ellos; Amalec, sin previo aviso, le ataca. Pero son tan cobardes en su ataque, que dice que no van de frente, sino que le ataca por la retaguardia. Es decir, le ataca por la parte de atrás y desbaratan la retaguardia. Y dice en la escritura que, en la parte de atrás iban los cansados, los débiles, las personas que no podían ir al ritmo de los que van en cabeza. Y entonces, cuando se dieron cuenta, Amalec se había introducido dentro del pueblo y decían: "Pero ¿dónde esta el enemigo si no lo vemos?" Está detrás, ahí están matando a las mujeres, a los niños y a los que no tienen fuerzas. Y dijimos que Amalec en cierto sentido representa un tipo de estrategia diabólica y satánica.

En el libro de Génesis, sabiendo buscar entre las páginas en su texto original, vemos que aparece uno de los nombres de los personajes que también hemos estado hablando y es el de Amán. El famoso Amán, el terrible Amán. El que aparece en el libro de Ester. Aquel que odiaba a Mardoqueo y preparó una horca para matar, según el, a su peor enemigo, y resulta que él no sabía que estaba preparando su propia horca. Las vueltas que da la vida. Y hemos visto como Amalec era un enemigo físico, real, una tribu salvaje que vivía en esa parte del desierto, pero también en cierto sentido representa la duda. Representa la impureza, el enfriamiento. Representa el alejamiento de parte del Señor.

Amalec no es solamente un enemigo que ataca de una manera y nada más. Sino que Amalec es tal vez uno de los enemigos espirituales más amplio y presenta un panorama de diferentes ataques y diferentes líneas en las cuales viene.

Capítulo 8:
La queja nos lleva a la derrota

Hay algo muy importante que quisiera que volviésemos a repasar, y que leímos en Éxodo 17. La Biblia dice que el ataque vino a un lugar llamado *Refidim*. La palabra *Refidim* significa "lugar de descanso". Ellos habían estado previamente en un lugar llamado *Mará*. Donde dice que cuando llegaron, no pudieron probar las aguas porque eran amargas. Hasta el día de hoy, en esa parte del desierto, esas aguas existen, pero no se pueden beber. Son muy amargas y de color rojo, para que lo entiendan, es como si estuvieran oxidadas. Y esas aguas están ahí como testimonio de que no se pueden beber. Y el pueblo ahí se quejó y murmuró contra el Señor. Pero el Señor les mostró un arbusto, un árbol que es un "tipo" de Cristo: "El que viene a endulzar nuestra vida". Y entonces aquellas aguas que al principio no se podían beber, al final sí se pudieron beber. Y allí dice que el Señor los probó, y les dio leyes y estatutos. Y les dijo algo tremendo: "Si ustedes obedecen mi Palabra y obedecen mis estatutos, principios, decretos, etc., ninguna enfermedad, plaga o cosa negativa de las que mandé a los egipcios, ustedes las experimentarán. Es decir, ustedes estarán como "vacunados" contra todas esas enfermedades. Pero al final el Señor añade: "Yo vuestro Sanador". Como dando a entender que iba a haber momentos en la historia en los que ellos iban a desobedecer al Señor, y necesitarían sanidad. "Bueno pues cuando caigan y necesiten ser sanados, aquí estoy yo".

Así pues, vimos que de ahí fueron a un lugar, a un oasis precioso, con setenta palmeras y doce fuentes de agua llamado *Elim*. Y allí estaban a gusto, allí no les faltaba de nada, tenían sombra y tenían agua. Allí estaban muy cómodos, pero sin embargo el Señor les dice: "Bueno, el tiempo de estancia se ha terminado". El Señor los podría haber llevado en línea recta, que es la forma más recta de llegar a un lugar, ¿no? Sin embargo, vemos que desde que ellos salen de Egipto hasta que llegan a la Tierra Prometida (Canaán), no fueron en línea recta; sino que el Señor los tuvo dando vueltas durante cuarenta largos años.

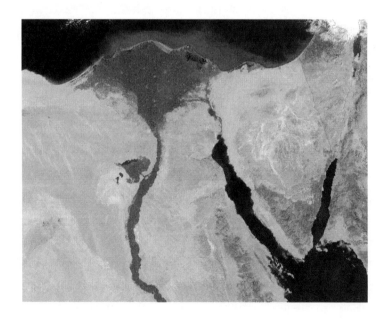

Toda una generación dando vueltas y vueltas en el desierto a causa de su pecado, a causa de su desobediencia. La voluntad de Dios hacía cuarenta años era que llegaran, pero no entraron. Porque hay un momento, en el que el pueblo le dice a Moisés: "¿Por qué no mandas espías? ¿por qué no mandas a personas para que reconozcan la tierra y nos digan cómo es?".

¿Qué mas da cómo es si esa es la tierra que el Señor quiere que conquistemos? ¿Qué mas da si es grande, si es pequeña, si tiene montañas o no tiene montañas? ¿Qué mas da? Esa es la tierra que Dios quiere que conquistemos y punto.

Pero, según la versión de la Biblia que generalmente tenemos todos nosotros, mandaron a unos "espías". Aunque realmente la palabra que utiliza es la palabra "exploradores". Hay una gran diferencia entre un espía y un explorador. El espía entra de manera sigilosa, pues no quiere que nadie lo vea; quiere pasar desapercibido. Va a expiar, a observar cuáles son los puntos débiles del enemigo, y luego a informar a sus tropas para saber cómo atacar. Sin embargo, el explorador va a cara descubierta, no le importa que lo observen. El explorador va como una especie de turista. Y así fueron. Dice la Biblia que estos exploradores, porque es la palabra que emplea el texto original, fueron y exploraron la tierra. Estuvieron cuarenta días por todo el país, desde el norte hasta el sur, este a oeste. Y cuando regresaron, el pueblo estaba expectante, diciendo:

— "Bueno, a ver ¿cómo es esta tierra? ¿cómo es ese país?".

— Y ellos les responden: "La tierra es buena y hermosa, pero es imposible de conquistar".

— "¿Cómo?".

— "Sí, es imposible porque resulta que las ciudades están amuralladas y tienen murallas tan enormes que llegan hasta el cielo. Y sus moradores son gigantes. Nosotros los veíamos, nos comparábamos con ellos y parecíamos como langostas".

Y les dan un informe tan pésimo, un informe tan negativo, que dice que el pueblo de Israel estuvo llorando en sus tiendas toda la noche. Incluso pensaron en matar a pedradas a Moisés diciendo: "Volvamos a Egipto porque esto es un disparate, esto es una locura, hemos venido aquí para nada".

La Biblia menciona que esa noche el Señor se apesadumbró. Y fue cuando Dios hizo un decreto que hasta el día de hoy está en vigor, un decreto terrible. Ese día, según el calendario bíblico, era el nueve del mes *Av*[11]. Y ese

---

[11] *Av* (אב; del acadio *abu* "cañas, juncos", que se recolectaban para estas fechas). El Ayuno del 9 de *Av*, es uno de los dos días de ayuno mayor (es decir que, como el Yom Kipur, es observado de crepúsculo a crepúsculo), y es el segundo de los ayunos enlistados en el libro de Zacarías, llamado "el ayuno del quinto mes" (Zacarías 8:19). Fue instituido en principio en señal de duelo por la caída de Jerusalén y la destrucción del primer

día fue un día que el pueblo de Israel no va a olvidar jamás, porque todas las peores desgracias de la historia de ese pueblo, ocurrieron siempre en el día nueve de *Av*.

El día que los Reyes Católicos de España firmaron el decreto de expulsión de los judíos, curiosamente (aunque en el libro de Ester vemos que no hay casualidades), fue el día nueve de *Av*. También, cuando se firmó la solución final de la Segunda Guerra Mundial, fue el nueve de *Av*. Además, cuando se destruyó el Primer Templo de Jerusalén antes de Cristo, fue el nueve de *Av*. Y cuando se destruyó el Segundo Templo, setenta años después de Cristo, fue el nueve de *Av*.

Y podría mencionar una lista con cientos de acontecimientos terribles que ellos recordarán durante toda su vida. "Lloraste sin motivo, y ahora yo les voy a dar motivos para que lloren por las desgracias que ustedes mismos han provocado". Y ese día, Dios mismo decretó que no iban a entrar. Ese día, el Señor les dijo: "Vais a estar un año por día. Si cuarenta días visteis la tierra y la desechasteis, os quejasteis, no os gustaba lo que yo tenía

---

Templo por Nabucodonosor, el 9 de *Av* de 586 a. C., y el posterior exilio de Babilonia (2 Crónicas 36:19-20). Más adelante, se sumó al duelo la destrucción del segundo Templo a manos de los romanos al mando de Tito, el día 9 de *Av* del año 70. A partir de entonces es día de duelo nacional por todas las calamidades acaecidas al pueblo judío a lo largo de la historia, algunas de las cuales se atribuye haber acontecido en la misma fecha, como la expulsión de los judíos de España, en 1492. (Fuente: Telushkin, Joseph (1991). *Jewish Literacy: Most Important Things to Know About the Jewish Religion, Its People and Its History*. William Morrow & Co, 656).

preparado para vosotros... muy bien, pues al desierto a dar vueltas". En vez de cuarenta días, fueron cuarenta largos años. Y todos aquellos que de veinte años para arriba salieron de Egipto, que vieron la gloria del Señor, que vieron milagros tremendos, dice que ninguno de ellos iba a entrar, salvo dos: Josué y Caleb. Los cuales también estuvieron dentro de ese grupo de los doce exploradores, pero ellos no se quejaron.

Dice la Palabra, por ejemplo, que Caleb fue hacia una región donde estaban enterrados los patriarcas, la ciudad de Hebrón, que en aquel tiempo se llamaba *Quiriat Arbá. Quiriat* significa "pueblo", *Arbá* significa "cuatro": El pueblo de los cuatro gigantes o de los cuatro principales. Y es que, en aquel lugar, hay una cueva que Abraham compró en su día y se llama la famosa cueva de *Macpela. Macpela* significa "la cueva de las parejas", la cual se encuentra en la ciudad de Hebrón. Allí está enterrado Abraham con su esposa Sara, también está enterrado Isaac con su esposa Rebeca, y también Jacob con su esposa Lea. Raquel no, porque murió por el camino y no está enterrada allí. Además, hay una tradición judía que dice que allí también están enterrados Adán y Eva.

Cuando Caleb volvió al pueblo, dijo que, efectivamente, las murallas eran muy altas; pero que eso no era una mala señal. Todo es según se mire. Alguien dijo una vez: "¿El vaso está medio lleno o medio vacío?". "¿Sabéis por qué las ciudades están tan amuralladas? Porque nos tienen miedo. Porque si no nos temieran, vivirían sin murallas, sin protección; vivirían sin torres de vigilancia. Pero como nos tienen miedo, han construido murallas enormes. Así que no se lo tomen por el lado negativo, sino tómenselo como algo positivo. El hecho de que ellos parezcan gigantes, no es real. No es que sean gigantes, sino que, al tener una declaración de fe tan pobre y miserable, uno se ve con una baja estima terrible, la cual le da al enemigo una fuerza que no tiene".

Más adelante, vemos que allí en *Refidim* fueron atacados, porque su forma de hablar como que "le dio alas", o como que le dio pie al enemigo. Fue allí donde el Señor suplió el agua de una forma milagrosa. Sin embargo, hubo un momento en el que dijeron: "¿Pero Dios está o no está con nosotros?".

Si leen, por ejemplo, el versículo 7 del capítulo 17 de Éxodo, verán que ellos dijeron: "¿Está Dios o no está Dios con nosotros? Eso es una queja, eso es una duda. Eso es poner en tela de juicio la credibilidad de Dios. El Señor les dijo: "Yo les voy a acompañar, no se preocupen. Yo voy delante de ustedes, nadie les podrá hacer frente. A todo lugar que vayan, mi gloria, mi presencia, Yo iré con ustedes". Pero ahora, ellos decían: "¿Pero está o no está Dios?". ¿Pero cómo no va a estar? Hablando de esta manera, estamos dudando de la Palabra de Dios.

Entonces, es allí donde el enemigo les ataca sin previo aviso, como les acabo de decir. Y es que nuestra forma de hablar, o frena al enemigo o le da alas para poder atacarnos. Como dije anteriormente, Dios nos va a guiar si decidimos obedecer la forma en cómo Dios quiere que actuemos. En otras palabras, si usted escoge el camino de la duda, la queja y el lamento, no se preocupe que tendrá muchos motivos para lamentarse. Pero si escoge el camino del servicio y de agradar a Dios, no se preocupe, como dice la Biblia "todo le irá bien"[12], porque esa es la promesa. Irá de victoria en victoria y de gloria en gloria, y de triunfo en triunfo. Pero usted decide si va a dejar que el Pastor de los pastores, el Señor Jesucristo, pastoree su vida.

Así que, continuando con el pasaje, allí Amalec les ataca y lo hace desde la parte de atrás. Donde dice la Biblia que estaban los cansados, los trabajados, los débiles. Y hay una posible traducción que también se le podía haber dado a estos dos términos hebreos y es "a los que tenían miedo del futuro". Y uno tal vez puede decir: "Bueno, yo no estoy cansado, yo no estoy trabajado, yo no estoy extenuado, yo no estoy asfixiado, pero tengo ciertos temores: ¿Conseguiré trabajo? ¿No conseguiré trabajo? ¿Saldré de la crisis? ¿Qué pasará con el futuro de mi país?". Esa es una actitud que le da alas al enemigo, porque el pueblo de Dios tiene que hablar en fe y vivir en fe. Y hasta que no cambiemos nuestra forma de pensar y de hablar, no vamos a poder a cambiar nuestra forma de vivir. Y hasta que no cambiemos nuestra forma de vivir, no vamos a poder ver cosas grandes y maravillosas en nuestra vida. Albert Einstein dijo en cierta

---

[12] Referencia bíblica: Romanos 8:28: "Y sabemos que a los que aman a Dios, todas las cosas les ayudan a bien, esto es, a los que conforme a su propósito son llamados".

ocasión algo tremendo: "Si estamos continuamente haciendo lo mismo no vamos a poder ver cambios y cosas diferentes". Si seguimos hablando igual, orando igual, creyendo igual, comportándonos igual… no vamos a ver cosas diferentes en nuestra vida. Por lo tanto, nuestra forma de hablar puede ser un imán que atraiga la bendición o que la aleje y la espante.

Entonces, aquellos expías o exploradores, cuando volvieron, dijeron: "Sí, la tierra es buena, la tierra es maravillosa, pero…". Y les respondieron: "Vamos a ver, ¿es buena o no es buena? ¿Es la tierra que el Señor nos ha dado o no es la tierra que el Señor nos ha dado?". Fíjense que dice que tuvieron que ayudarse entre dos hombres para poder traer un racimo de uvas. ¿Cuánto tenía que pesar cada uva? ¡Dos hombres para coger un racimo de uvas! Eso es algo increíble.

Se dieron cuenta de que la tierra era impresionante, era rica, era fértil… pero había condiciones que ellos debían tener en cuenta. El Señor les dijo: "Miren, cuando ustedes vivían en Egipto, el agua nunca les faltaba". Porque tenían el río Nilo que, por cierto, dice la Biblia que en los últimos tiempos se secará: *"Y entregaré a Egipto en manos de señor duro, y rey violento se enseñoreará de ellos, dice el Señor, Jehová de los ejércitos. Y las aguas del mar faltarán, y el río se agotará y secará. Y se alejarán los ríos, se agotarán y secarán las corrientes de los fosos; la caña y el carrizo serán cortados. La pradera de junto al río, de junto a la ribera del río, y toda sementera del río, se secarán, se perderán, y no serán más"* (Isaías 19:4-7).

Y después dice: "Pero a la tierra a la que ustedes van y yo les envío, es una tierra que les mandará en su momento la lluvia temprana y la lluvia tardía en base a la forma como ustedes vivan y en base a la forma como ustedes hablen" (*cf.* Dt. 11:13-14). "Si ustedes hablan mal, si ustedes se quejan; si se apartan de mi camino; si comienzan a adorar a otros dioses... olvídense, aquí no va a llover". Aquí no había río, no era como en Egipto, que movían una piedra y salía el agua; sino que aquí era una dependencia diaria y permanente de parte del Señor. Por eso más adelante, si desobedecían, Dios les dijo que "el cielo se volvería como si fuera de bronce" (*cf.* Dt. 28:23). "Si hablan bien, si hay victoria, si hay bendición, la lluvia caerá. Pero ustedes, por su forma de hablar pueden llegar a cerrar el Cielo". Y por eso dice la Palabra que para que Dios enviase la lluvia, tenían que cuidar su forma de hablar.

Estamos viviendo en unos tiempos en los que es muy importante la manera en cómo hablamos, cómo actuamos, cómo vivimos... y en definitiva, cómo reaccionamos. Porque lo que no podemos hacer es reaccionar, pensar, hablar y vivir como de la misma manera que la gente del mundo. Recuerden hermanos: "Vivimos en este mundo, pero no somos de este mundo". Nuestra mirada tiene que estar puesta en nuestro Dios que es poderoso y en sus promesas, las cuales son sí y amén en Cristo Jesús. Y no podemos bajo ningún concepto entrar en desánimo, en derrota, en murmuraciones y en queja. Porque eso le da alas enemigo y al que tenemos que honrar y obedecer es a nuestro Dios.

Capítulo 9:
Vestidos de la armadura de Dios permaneceremos firmes

Antes de comenzar, leamos algunos versículos. Por ejemplo, 2ª Timoteo 4:7 y 1ª Pedro 5:8.

> **2ª Timoteo 4:7:** *"He peleado la buena batalla, he acabado la carrera, he guardado la fe".*

Pablo es el autor bíblico que más términos militares utiliza en sus cartas: casco, espada, yelmo, guerras, soldados, y cantidad de términos típica y puramente militares. Habla de guerras, de batallas, de enemigos. Y es que Pablo tenía una percepción del mundo espiritual muy clara. Muy, muy clara. Y por eso, él dice al final de su carrera, al final de su ministerio, que él lo que realmente ha hecho a lo largo de su existencia es pelear la buena batalla. Él no ha estado de vacaciones. No ha estado "pegándose la gran vida", sino que ha sido un guerrero. Él llegó incluso a decir en Gálatas 6:17: "Yo traigo en mi propio cuerpo (físicamente hablando) marcas". Marcas de las pedradas, del martirio, de los zarpazos de los leones, de lanzas, en fin; de tantas y tantas cosas. Pablo compara la batalla espiritual del creyente con una auténtica guerra. Y nuestro campo de batalla hoy en día es el mundo. Por eso, el apóstol Pablo cuando describe la realidad de la vida cristiana, la describe como una persona que está continuamente en guerra, como un soldado y por eso utiliza los términos que acabo de mencionar.

El apóstol Pedro habla acerca de que todos tenemos un enemigo en común, y ese enemigo lo compara a un animal.

1ª Pedro 5:8: *"Sed sobrios, y velad; porque vuestro adversario el diablo, como león rugiente, anda alrededor buscando a quien devorar".*

"Vuestro adversario el diablo". Es una realidad. Continuamente está dando vueltas y vueltas, tratando de buscar a alguien y devorarlo. Devorarlo, matarlo, destruirlo. No es que le va a hacer una caricia, no es que le va a venir a asustar; sino devorarlo y destruirlo completamente. Así como Amalec quería destruir completamente la presencia de Dios en el mundo, representada en aquel momento por el pueblo de Israel, hoy en día Satanás lo que quiere es que no haya testimonio en nuestras casas de la presencia de Dios, que no haya testimonio en nuestro barrio, que no haya testimonio en el mundo de que estamos hoy en día siendo testigos de Cristo, de su resurrección, de su muerte, de su venida, etc.

El apóstol Pablo estando preso en Roma, escribe desde la cárcel cuatro cartas. Se conocen como "Epístolas de prisión". Y en Efesios 6, estando él preso en Roma, seguramente ya a punto de morir, escribe cuatro cartas. Una de ellas es la carta a los Efesios, otra es a los Filipenses. Y en esta concretamente, en el capítulo 6, versículos 10 al 12, el apóstol Pablo habla en estos términos, clarísimos:

Efesios 6:10-12: _"Por lo demás, hermanos míos, fortaleceos en el Señor, y en el poder de su fuerza. Vestíos de toda la armadura de Dios, para que podáis estar firmes contra las asechanzas del diablo. Porque no tenemos lucha contra sangre y carne, sino contra principados, contra potestades, contra los gobernadores de las tinieblas de este siglo, contra huestes espirituales de maldad en las regiones celestes._

Así como hay príncipes en el mundo espiritual, en el mundo de las tinieblas también. Hay personas que tienen el título de "príncipe". En el mundo espiritual, no todos los demonios y los ángeles que cayeron el día de la rebelión de Satanás en la presencia del Señor, antes de la creación de Adán y Eva, son iguales. Hay algunos que son auténticos príncipes y hay otros que son, como dice aquí, "príncipes de las potestades contra gobernadores". Otros tienen el rango de "gobernadores de las tinieblas de este siglo", "huestes espirituales de maldad en las regiones celestes".

Y ante este panorama, ante esta descripción del mundo espiritual, que no es ciencia ficción ni mitología griega, sino la Biblia, ¿qué podemos hacer? Porque además ellos juegan con una "ventaja" sobre nosotros. Y es que ellos nos ven a nosotros. Pero nosotros, salvo raras excepciones, no los vemos a ellos. Entonces, defenderse contra un enemigo que usted puede ver, que sabe por dónde viene y a dónde va, pues no es tan complicado. Pero defenderse contra un enemigo que no sabe si está por detrás, por arriba o abajo, pues es mucho más complicado. Por tanto, fíjese aquí que el remedio para todo esto es el siguiente:

> **Efesios 6:13:** *"Por tanto, tomad toda la armadura de Dios, para que podáis resistir en el día malo, y habiendo acabado todo, estar firmes"*.

En el día bueno no hay que resistir nada. En el día bueno lo que hay que hacer es gozarse. "Este es el día que creó el Señor, gocémonos y alegrémonos en Él", decía el salmista (Sal. 118:24). Pero la armadura es para el día malo. Entonces, cuando resista el día malo, podrá acabar todo y estar firme.

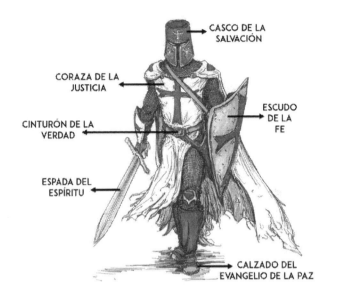

CASCO DE LA
SALVACIÓN

CORAZA DE LA
JUSTICIA

CINTURÓN DE LA
VERDAD

ESCUDO
DE LA
FE

ESPADA DEL
ESPÍRITU

CALZADO DEL
EVANGELIO DE LA PAZ

Efesios 6:14: *"Estad, pues, firmes, ceñidos vuestros lomos con la verdad, y vestidos con la coraza de justicia".*

"Coraza de justicia": es la parte del cuerpo del centurión romano que había que proteger tremendamente. Porque la coraza le protegía los pulmones y el corazón, los cuales son órganos vitales.

Efesios 6:15: *"Y calzados los pies con el apresto del evangelio de la paz".*

Napoleón decía que se puede ganar o perder una guerra según el calzado que usemos. Es como una carrera de motos o una carrera de "Fórmula 1". Los expertos saben que el mejor coche del mundo, con la mejor escudería, puede perder un mundial por haber escogido mal una rueda. Tenían que haber escogido un tipo de rueda blanda, dura o lo que sea, y se equivocaron; y era el mejor coche, el más poderoso, el más potente, con la mejor cilindrada... pero escogieron mal. Por eso, Napoleón decía que tenían que cuidar sumamente el calzado de los soldados romanos. Porque sabían que una guerra se puede perder por un mal calzado. Y el Señor dice que el mejor calzado que podemos utilizar es el "apresto del Evangelio". Caminar guiados por la palabra de Dios. "Lámpara es a mis pies tu palabra y lumbrera a mi camino" (Salmos 119:105).

Efesios 6:16: *"Sobre todo, tomad el escudo de la fe, con que podáis apagar todos los dardos de fuego del maligno".*

Había dos tipos de escudo: uno que era redondo para cuando se estaba de guardia; y un escudo que era muy alto, que llegaba casi desde la barbilla hasta los tobillos, y era el que se llevaba al combate. Entonces, cuando lanzaban las flechas, se lo ponían y se tapaban. De esa manera, las flechas golpeaban contra el escudo y no se caía. Aquí Pablo está describiendo un escudo redondo, muy poderoso, que cuando veían venir un dardo de fuego, una lanza o lo que sea, se cubrían y se protegían cualquier parte del cuerpo. Y por eso, les dice: "Sobre todo, tomad ese escudo para que puedan apagar todos los dardos de fuego del maligno".

Efesios 6:17: *"Y tomad el yelmo de la salvación, y la espada del Espíritu, que es la palabra de Dios".*

El yelmo era como una especie de casco, lo que protegía la cabeza, los pensamientos, el cerebro. Y la "espada del Espíritu", es la Palabra de Dios. Algunos dicen: "Bueno, aquí se acaba la armadura". Pues no, hay un elemento abstracto, pero que forma parte vital de la armadura y que le da consistencia; y se encuentra en el versículo 18. Lo que hace que la armadura no se caiga ni quede grande:

Efesios 6:18: *"orando en todo tiempo con toda oración y súplica en el Espíritu, y velando en ello con toda perseverancia y súplica por todos los santos".*

Pablo era una persona muy preparada, muy competente y con un conocimiento deslumbrante del Señor, tanto teórico como práctico. Pero él sabía que sin el respaldo de la oración no podía ir a ningún lado. Por eso, él llegó a decir que "no tenemos que ignorar las maquinaciones del enemigo". Él fue el que dijo aquella famosa frase que todos conocemos, que "el mismo Satanás se disfraza como ángel de luz" (2ª Corintios 11:14). Es capaz de disfrazarse e incluso hacernos creer que nos está trayendo un mensaje de parte de Dios, como si fuese un ángel de luz, un ángel del Señor. Y entonces, resulta que le está hablando un demonio y usted no se entera. Pablo dice que hay que orar para que el Señor nos de discernimiento y para que no nos dejemos seducir ni arrastrar por sus mentiras y engaños. Así que toda esta guerra espiritual que Pablo describe, la podemos ver en lo físico y en lo natural. Sobre todo, en este enemigo terrible, como es el pueblo de Amalec.

Amalec significa tinieblas y el florecimiento del mal. Y ahí es donde Amalec se mueve "como pez en el agua". En la oscuridad, en la ignorancia, en las tinieblas. El fin de Amalec significa la destrucción del abismo, del distanciamiento entre Dios y el mundo. Pero también, la restauración de la cercanía que revela la presencia y la obra de Dios por medio de Cristo en el mundo. Así que, hermanos, mientras estemos en esta vida, estaremos en guerra. Mientras estemos vivos, usted y yo tenemos que estar velando y orando. Porque no estamos aquí de paseo, sino estamos aquí para dar testimonio. Estamos aquí para ser luz, para marcar una diferencia, y Satanás va a hacer todo lo posible para evitar que nosotros cumplamos nuestro objetivo.

Capítulo 10:
Solo cuando hacemos su voluntad obtenemos la victoria

Así que, en esta historia hay un momento en el que vemos que este conflicto es diferente. Este conflicto no es simplemente una guerra de mil contra cinco mil, o de hombres contra hombres. Sino que aquí hay un factor espiritual muy importante. Y vamos a leerlo en Éxodo 17 otra vez, a partir del versículo 8. Veremos que hay un momento en el que Moisés le dice a Josué: "Mira, yo voy a subir al monte a orar y tú tienes que salir a pelear contra este enemigo en lo natural, y yo pelearé en lo espiritual contra las fuerzas que lo respaldan y lo apoyan".

Éxodo 17:8-12: *"Entonces vino Amalec y peleó contra Israel en Refidim. Y dijo Moisés a Josué: Escógenos varones, y sal a pelear contra Amalec; mañana yo estaré sobre la cumbre del collado, y la vara de Dios en mi mano. E hizo Josué como le dijo Moisés, peleando contra Amalec; y Moisés y Aarón y Hur subieron a la cumbre del collado. Y sucedía que cuando alzaba Moisés su mano, Israel prevalecía; mas cuando él bajaba su mano, prevalecía Amalec. Y las manos de Moisés se cansaban; por lo que tomaron una*

*piedra, y la pusieron debajo de él, y se sentó
sobre ella; y Aarón y Hur sostenían sus manos,
el uno de un lado y el otro de otro; así hubo en
sus manos firmeza hasta que se puso el sol".*

Gracias a estos hombres, Aarón y Hur, Moisés tuvo
firmeza. Moisés tuvo la capacidad y la constancia de poder
tener sus manos levantadas por encima de su cabeza y ver
una aplastante victoria sobre el enemigo.

Ahora bien, sabemos que Aarón era el hermano
carnal de Moisés, pero ¿quién era Hur? Veamos algunos
versículos que nos van a dar información sobre quién era
Hur.

Éxodo 24:14: *"Y dijo a los ancianos:
Esperadnos aquí hasta que volvamos a
vosotros; y he aquí Aarón y Hur están con*

*vosotros; el que tuviere asuntos, acuda a
ellos ".*

Hur, sin lugar a duda, era un hombre muy
importante dentro del pueblo de Israel. Hasta el punto de
que Moisés cuando se va a la montaña a orar por cuarenta
días, le dice al pueblo: "Yo me voy un tiempo, pero si hay
algún asunto, algún problema o algo que surja dentro del
pueblo, ahí está Aarón y ahí está Hur para que lo consulten
con ellos". Luego, Hur no era una persona normal y
corriente, sino una persona con una autoridad y un peso
espiritual dentro del pueblo muy importante. Y es una
referencia que debemos tener en cuenta.

El segundo texto se encuentra en Éxodo 31:2 y ahí
nos da un poquito más de información sobre este personaje
llamado Hur.

Éxodo 31:2: *"Mira, yo he llamado por
nombre a Bezaleel hijo de Uri, hijo de Hur, de
la tribu de Judá ".*

Este hombre, Bezaleel, era de la tribu de Judá y el
nieto de Hur. Fue la persona que el Señor capacitó y usó
para la construcción y el diseño del tabernáculo en el tiempo
en el que el pueblo de Israel estaba peregrinando. Hay
algunos comentarios que dicen, y la mayoría de ellos
afirman que es así, que Hur era el esposo de Miriam o de

María. Saben que eran tres hermanos: Moisés, Aarón y Miriam o María. Y el marido de María atribuyen que sea Hur.

Hay otro texto más y está en 1° de Crónicas 2:18-19, y es el último texto referente a Hur que vamos a leer.

1° Crónicas 2:18-19: *"Caleb hijo de Hezrón engendró a Jeriot de su mujer Azuba. Y los hijos de ella fueron Jeser, Sobab y Ardón. Muerta Azuba, tomó Caleb por mujer a Efrata, la cual dio a luz a Hur".*

En la Biblia hay dos personajes que tienen el mismo nombre: Caleb, aquel que conquistó con Josué parte de la Tierra Prometida; y el otro Caleb, que es el famoso padre de Hur.

Así que Caleb era una persona con influencia y autoridad. Era alguien de peso. Y él, junto con Aarón, suben a lo alto de la montaña y sostienen las manos de Moisés mientras oraba.

Aquí vemos como aprendieron a trabajar en equipo y como aprendieron a colaborar. Ese famoso salmo que se dice tanto y tantas veces lo citamos: "¡Mirad cuán bueno y delicioso es habitar los hermanos juntos en armonía!" (Salmos 133:1). ¿En qué se basa? ¿A qué "hermanos" se refieren? Nosotros lo apropiamos para nosotros y decimos: "Bueno, cuando estamos los hermanos juntos en armonía..." Y bueno está bien, no es que estemos cometiendo alguna barbaridad. Pero realmente se refiere a la hermosa compenetración y al trabajo en equipo que hubo siempre entre Aarón y Moisés. De hecho, en ese salmo que acabamos de citar, el Salmo 133, se menciona a Aarón: "Es como el buen óleo sobre la cabeza, el cuál desciende sobre la barba, la barca de Aarón, y baja hasta el borde de sus vestiduras".

Entonces, Aarón supo ocupar su lugar, Moisés el suyo y María el suyo también. Y mientras Aarón funcionó en el terreno que Dios le puso, que era de sumo sacerdote; mientras Moisés hacía la función de vocero o de profeta de Dios; y mientras su hermana María, que era profetisa y la que llevaba alabanza en el pueblo de Israel, cumplía su función; todo funcionaba a la perfección. Pero en el momento en el que Aarón o María se salían de su terreno y se querían ocupar de otras cuestiones, porque generalmente Moisés no cometió ese error, automáticamente había problemas. Por ejemplo, la Biblia nos enseña que María en alguna ocasión dijo: "¿Y por qué cuando Dios quiere hablar al pueblo siempre tiene que utilizar a mi hermano y no me usa a mí?" Y en este momento quedó automáticamente leprosa. Dice la Biblia que la tuvieron que echar del campamento porque la lepra es una enfermedad contagiosa que se pega. Así que la tuvieron que echar del campamento. Fíjese, simplemente por ese comentario.

Ahora bien, uno se puede preguntar: "¿Y por qué cuando el Señor quiere transmitir una palabra, un mandamiento o una exhortación, por qué siempre habla a través de mi hermano y no me usa a mí?" Bueno, pues porque a usted el Señor lo está usando en otra cosa y a su hermano en otra. Y no es para competir sino para complementarse. Cuando usted no está contento con el don, el ministerio, el llamado y el sitio donde Dios le ha puesto, está abriendo la puerta, en este caso, a una tremenda enfermedad.

Hay enfermedades, como dice por ejemplo en Proverbios, que trae dolencias a los huesos (_cf._ Prov. 14:30; 17:22). Enfermedades de la piel, enfermedades cutáneas. Cuando usted lee en los libros del Antiguo Testamento, se dará cuenta de que estas enfermedades son producidas por una incorrecta forma de hablar. Ya vimos como la palabra perdón y la palabra enfermedad en hebreo es la misma, aunque se pronuncia un poquito diferente. Porque hay una relación entre algunas enfermedades y la falta de perdón, una mala actitud, o una forma incorrecta de hablar.

Entonces, cuando Aarón no está contento con su posición como sumo sacerdote, y en lugar de él ejercer su función, les da demasiado libertinaje y demasiada rienda suelta a sus hijos, se produce un caos y un desastre en el campamento. Hasta el punto de que la Biblia dice que se tuvo que abrir la tierra y tragarlos. Y así murieron sus hijos. Y el Señor le dijo a Moisés: "Y dile a Aarón que no llore por la muerte de sus hijos y le prohíbo ir al funeral y entierro de sus hijos". Es una cosa tremenda porque cuando más arriba uno sube, cuanta más autoridad y más peso espiritual

tiene una persona sirviendo al Señor, lógicamente serán más las exigencias que el Señor le va a pedir.

Capítulo 11:
Lo natural es un reflejo de lo espiritual

Yo siempre he dicho, y lo digo con todo respeto: No es lo mismo que usted venga a la iglesia, que se siente y se vaya, y no pasa nada; que un pastor, uno que está en la alabanza o una maestra de escuela dominical. A ellos hay que exigirle no poco, sino todo. ¿Por qué? Porque tienen que ser ejemplo a la congregación.

Por ejemplo, una maestra de escuela dominical debe llegar la primera, antes que los alumnos. No van a llegar los niños antes que sus maestras ¿verdad? Y cuando hay un campamento de niños, los primeros que tienen que estar ahí y dar ejemplo ¿quiénes son? Los maestros de la escuela dominical. Y si no, quédese usted en su casa o dedíquese a otra cosa. Pero los maestros de escuela dominical tienen que ser los primeros. Y si usted no quiere ser el primero, usted no vale para ser maestro de escuela dominical. Valdrá para otra cosa. Y yo como pastor no puedo decir: "No me exija mucho, hermano. Yo un día vendré, pero otro día puede que no". Imagínense. "Oye y ¿quién va a predicar hoy? Bueno, tenía que predicar el pastor, pero no va a venir porque dice que está un poco desanimado. ¿Cómo? No, es que dice que le duele la cabeza". Pero hermanos, a mi no me puede doler nunca la cabeza. De hecho, yo empecé a predicar con dolor de cabeza y ya se me quitó. Porque cuando usted quiera servir al Señor, Él le va a decir: "¿Tú me quieres servir? Ok, vente para acá. Pero también te voy a exigir más". Porque el viento donde pega más fuerte es arriba, en la copa del árbol, y no en las raíces. Y allí es donde el Señor pone a algunas personas, pero también la exigencia, lógicamente, será mayor.

Entonces, Aarón entendió que su función no era la de profeta sino la de sumo sacerdote. Y cuando lo entendió y ocupó su lugar, así como sus hermanos, se reflejaba esa armonía que había entre ellos: "Miren a esos hermanos, qué armonía hay entre ellos. ¿Cómo no va a haber bendición y vida eterna? ¿Y cómo no va a derramar el Señor su unción y su gracia cuando están los hermanos juntos en armonía?" Sin embargo, cuando estaban juntos, pero separados y revueltos, la bendición de Dios se apartaba de ellos. Entonces, nosotros tenemos que partir de la base de que nuestra forma de hablar va a marcar una diferencia en el mundo espiritual.

Éxodo 17:11: *"Y sucedía que cuando alzaba Moisés su mano, Israel prevalecía; mas cuando él bajaba su mano, prevalecía Amalec".*

Esta palabra, "prevalecía", es muy interesante porque en el último libro de la Biblia, aparece la palabra "prevalecer". Fíjense qué interesante. Dice que cuando los santos oraban en la tierra, es decir, cuando se dirigían al Señor y clamaban al Él, los ángeles en el cielo prevalecían contra los demonios. Es decir, cuando la iglesia toma su posición de autoridad y emplea el poder de la lengua, pero no para dañarse, no para cuestionar, no para criticar o para murmurar, no lamentarse; sino que emplea el poder, el instrumento de la voz y de las palabras, para dirigirlas al Señor, eso como que les da fuerza a los ángeles. Y le da fuerza en el mundo espiritual, para que al enemigo lo podamos tener "a raya".

Por eso, hermanos, debemos tener la idea bien clara, de que la manera en como usted y yo hablemos, va a ser un imán que va a atraer la bendición a nuestra casa, o la va a espantar y la va a alejar. Por eso, cuando en casa comencemos a hablar o a opinar, o lo que sea; así como a comentar cosas de manera negativa, cortemos inmediatamente ese comentario. ¿Por qué? Porque la forma en que nosotros hablemos es lo que va a marcar la diferencia en el mundo espiritual. Porque todo esto tiene un precedente y el precedente está en el libro de Génesis capítulo 1. Cuando dice la Biblia que Dios hablaba y las cosas cambiaban. Claro, el poder de Dios en su Palabra es lógicamente superior al nuestro. La Palabra de Dios se cristaliza, se materializa, ¿verdad? Dijo Dios: "Sea la luz". Y se hacía la luz. Y en nuestro caso no es así, pero lo natural es un reflejo de lo espiritual. Si Dios hablaba y cambiaban las cosas, quiere decir que nosotros como producto y como creación del Creador, cuando nosotros hablamos también las cosas pueden cambiar para bien o para mal.

Cuántas personas están tiradas por el suelo, que no tienen ninguna autoestima, no confían en nada ni en nadie. ¿Por qué? Porque desde pequeños han sido bombardeados con palabras como: "Tú no sirves para nada, tú no vas a levantar cabeza, tú eres un burro, tú eres un cero a la izquierda, tú eres como tu padre, tú eres un vago". ¿Cuántas veces pasa eso en la vida? Pero cuando el Señor nos llama, Él nos dice: "Ustedes son real sacerdocio, nación santa, pueblo adquirido por Dios para que anuncien sus virtudes. Yo les llamé de las tinieblas a su Luz admirable. Ustedes son más que vencedores. Yo estoy con ustedes y nadie les podrá hacer frente en todos los días de su vida. Diga el débil: fuerte soy".

Entonces, Dios nos levanta la autoestima. No el orgullo, sino la autoestima. Y comenzamos a hablar como

Cristo hablaba. Él no permitía, ni siquiera a sus más íntimos colaboradores o discípulos, que hablaran palabras incorrectas. Como aquel discípulo cuando le dice: "Señor, no vayas a la cruz. ¿Para qué? Si a lo largo de la historia no te van a aceptar esta gente. ¿Para qué vas a la cruz?" Y el Señor le dijo: "Apártate de mí, Satanás. Porque no estás poniendo la mirada en las cosas de Dios, sino que te estás dejando influenciar demasiado, excesivamente, por las cosas de los hombres. Tienes una visión muy corta. Ves a muy corto plazo" (Mat. 16:22-23). Pero hermanos, nosotros tenemos que sembrar en fe. ¿Y cómo se siembra en fe? Con nuestras palabras: "Dios me va a bendecir, Dios me va a prosperar. Yo voy a ser una persona usada. Dios va a abrir puertas". Y dirás: "Bueno, pero eso es autosugestión". Bueno llámelo como quiera, pero esa es la forma como el Señor quiere que nosotros hablemos.

"¿Cómo estás? Bueno, aquí aguantadito… ¿Cómo que aguantadito? ¿Cómo estás?" Y dicen algunos: "Bueno, tirando…" ¿Tirando qué? ¡¿Estás tirando piedras?! "¿Cómo estás? Bueno, aquí echando días para adelante". Las expresiones son múltiples y variadas, hay para todo los gustos y colores. "¿Cómo estás? ¡En victoria! ¿Cómo estás? ¡Bendecido! ¿Cómo estás? ¡Triunfante y gozoso! ¿Por qué? Porque todo lo puedo en Cristo que me fortalece". ¡Así es como tenemos que hablar hermanos!

Dejemos esas expresiones a los del mundo. Dejemos que ellos hablen así. ¿Quieren hablar así? Dejemos que lo hagan y así les va a ir.

En el rastro que teníamos en Santa Cruz teníamos a un chico que todos los días venía y como siempre le preguntaba lo mismo, ya sabía la respuesta. Es como la "erotesis". ¿La "erotesis" qué es? Es hacer una pregunta de la cual ya sabes la respuesta, una figura de dicción. Entonces, yo le preguntaba: "¿Qué, como estás? Y al segundo me respondía: "Aquí, aguantando". Él siempre me decía lo mismo.

También, vivíamos en un edificio en Santa Cruz hace años, y había un portero en el bloque al que yo le preguntaba: "¿Qué, como estamos?". Y siempre decía: "Siempre lo mismo". Tiempo después nos fuimos del edificio, y el seguía viviendo allí. Le puedo asegurar que han pasado unos "cien" años desde que me fui de allí, y si yo hoy le pregunto a ese hombre: "¿Cómo estás?", seguramente me diría: "Siempre lo mismo". ¡Increíble! ¿Cómo es esto posible?

"¡El Señor está conmigo! ¡Dios me va a bendecir! ¡El Señor me bendice!". ¡Claro que sí! Esa es la forma en como tenemos que hablar. Y el enemigo cuando oye a un hijo de Dios hablando así, ni se atreve a meterse con él. ¡Claro! ¿Me entiende? Y eso no tiene nada que ver con la edad o con la cultura que uno tenga. No, olvídese de eso. ¡Somos cristianos! ¡Somos hijos de Dios! Y como hijos de Dios, el diablo debe tenernos miedo a nosotros y no nosotros a él.

Hay algunos creyentes que cuando usted los conoce y habla con ellos, pues siempre dicen cosas como: "No, es que el diablo, es que el enemigo". Y yo digo: "Pero bueno, ¿como pueden vivir así?" Siempre con miedo. ¡Hermanos, no podemos tener esas supersticiones!

Recuerdo que un día fuimos a la casa de un matrimonio, y los veo con un bote de aceite ungiendo la jaula del canario. "Mi madre", no les estoy mintiendo, era verdad. Y les dije: "Pero ¿qué están haciendo? Y ellos dijeron: "No, es que el canario últimamente está haciendo unos ruidos raros...". Y yo dije: "Estará afónico, habrá aprendido a cantar". Y le pregunté: "Pero ¿cómo va a ungir usted la jaula de un canario? Con lo caro que está el aceite...".

Entonces, hermanos, vamos a ver, en la Biblia el aceite se utilizaba bastante. Pero, miren, nosotros tenemos un Dios que nos cuida hasta cuando cerramos los ojos durante la noche. ¿No es prueba evidente de que cuando estoy dormido y no me entero de nada el Señor me está guardando? La Palabra nos afirma: *"El ángel del Señor acampa alrededor de los que le temen, y los defiende"* (Salmos 34:7).

Por lo tanto, un cristiano tiene que ir por la vida con la seguridad de que el Señor está a su lado y que nadie podrá contra él, a menos que el Señor se lo permita. Y ¿sabe cuando el enemigo tiene "autorización" para atacarnos y para zarandearnos? Cuando bajamos la guardia, cuando estamos en desorden, cuando nos enfriamos, cuando nos apartamos del Señor, cuando empezamos a pensar y a hablar tonterías.

Pero mientras estemos hablando correctamente, mientras nuestra fe y nuestra mirada esté puesta en el Señor, el Señor estará con nosotros como poderoso gigante. "Y aunque un ejército acampe contra mí, no temerá mi corazón porque el Señor es mi Luz y mi Salvación" (Salmos 27:3), y no me va a pasar nada porque esas son las promesas del Señor. Así que, hermanos, tenemos que creer en las promesas del Señor y no tener ningún temor.

Capítulo 12:
Dejemos las tragedias en casa

En la Biblia hay una historia que he leído y compartido infinidad de veces con los hermanos. Y es esa historia de cuando el profeta Eliseo está en una casa y, resulta que le dicen al enemigo, al ejército contrario: "¿Usted sabe por qué pierden todas las batallas? ¿Usted sabe por qué todas las estrategias les salen mal? ¿Sabe por qué cuando van a atacar por un lado, les están esperando por el otro? Y cuando dicen: "Bueno, pues ataquemos por el otro lado", ¿les están esperando por el otro? ¿Usted sabe por qué?" Y no lo sabían. "Porque en Israel hay un varón de Dios y lo que usted habla en secreto, Dios se lo revela a él. Así que da igual si lo van a atacar por la izquierda, por la derecha, por arriba, por abajo, de noche o de día. Todo les va a salir mal, porque el Señor está con ellos". Y este general o este rey dice: "Pues matemos a este hombre. Matemos a este hombre y se le acaba la fuente de información".

Dice la Biblia que rodearon toda la casa del profeta Eliseo y no venían para contarle "el cuento de Caperucita roja", hermanos. Venían para matarlo. Eliseo tenía un colaborador, un ayudante llamado Giezi. Entonces, Giezi sale y cuando levanta la mirada, ve toda la casa rodeada de soldados que venían a matarlo y se mete para dentro, muerto de miedo, y dice: "De aquí no salimos. Estamos rodeados de enemigos. Este es el último día de nuestra vida". Y el profeta Eliseo sale, mira y dice: "Tranquilo, no te preocupes. Más son los que están con nosotros que los que vienen contra nosotros". Y Giezi, que hablaba desde la carne, porque eso era "carne", le dice: "¿Quién está con nosotros? Si hasta el perro salió corriendo". Y Eliseo dice: "Señor, abre sus ojos para que vea".

Después dice que cuando el Señor le permitió ver con los ojos de la fe, vio millones de ángeles.

La gloria del Señor estaba rodeando la casa, y Eliseo le dijo: "Yo te lo dije, aunque tú no lo veas, porque tu forma de hablar impide que la revelación de Dios venga a tu vida, ¿no te das cuenta de que hay una protección sobre nosotros? Y no solamente hay una protección personal, sino mira ahora: "Señor, en el nombre de nuestro Dios, del Dios de Abraham, el Dios de Isaac y el Dios de Jacob, haz justicia". Y todos los que venían contra ellos se quedaron ciegos. Así que tuvieron que ir a Eliseo y él les pregunto: "¿A quien vienen a buscar?". Y ellos dijeron: "A Eliseo". Y respondió: "Vengan, que yo los llevo". Así que los llevó a todos y los sacó fuera de la ciudad. Y luego pidió a Dios: "Ahora abre sus ojos y que se marchen de aquí".

¡Ese es nuestro Dios, hermanos! Un Dios que nos ha prometido siempre protegernos, sanarnos, bendecirnos, restaurarnos, ayudarnos. ¡No hay nada que el Señor no pueda hacer en nuestra vida! Pero lo que Él quiere es que nosotros aprendamos a ocupar nuestro lugar y a hablar adecuadamente. En cierto sentido, podemos colaborar con Él; en este caso era con Eliseo. Pero nosotros podemos colaborar incluso con personas necesitadas y ayudarles a que depositen su fe y su confianza en el Señor.

Vayamos al Evangelio según Marcos, capítulo dos. Esta una historia muy conocida donde vemos cómo nosotros, en un momento determinado, podemos ayudar a otras personas, incluso ayudarles a crecer y que esas personas después caminen solas.

Marcos 2:1: *"Entró Jesús otra vez en Capernaum después de algunos días; y se oyó que estaba en casa".*

La palabra Capernaum es *Cafarnaúm. Cafar* en hebreo significa pueblo. *Nahúm* es el nombre del profeta Nahúm.

Jesús entró al pueblo del profeta Nahúm.

Marcos 2:2-4: *"Inmediatamente se juntaron muchos, de manera que ya no cabían ni aun a la puerta; y les predicaba la palabra. Entonces vinieron a él unos trayendo un paralítico, que era cargado por cuatro. Y como no podían acercarse a él a causa de la multitud, descubrieron el techo de donde estaba, y haciendo una abertura, bajaron el lecho en que yacía el paralítico".*

No dijeron: "Bueno, vendremos otro día. Hay demasiada gente. Es imposible entrar". ¡No! La fe no conoce obstáculos. La fe supera los obstáculos. La fe no se amedrenta ante el "no se puede" o el "no sabemos". ¡No! "Si no podemos por la ventana, por la puerta. Y si no podemos por la puerta, pues por el techo. Y si no, hacemos un túnel y lo metemos por abajo. Pero de aquí no nos vamos porque esta es la oportunidad que hoy Dios nos está dando. Así que vamos a subirnos al techo".

"Pero es que nos van a criticar". "No me importa. Hemos venido con una necesidad y de aquí no nos vamos hasta que veamos la gloria de Dios. Hemos venido con nuestro amigo que no puede caminar. Así que venga, vamos a hacerlo".

Subieron al techo, y ¿sabe lo que dice la Biblia? Allí los techos eran como de paja, eran como de hojas de palmera. Y entonces, de repente, dicen: "¿Pero esto que es?". Y mire lo que dice:

Marcos 2:5: *"Al ver Jesús la fe de ellos, dijo al paralítico: Hijo, tus pecados te son perdonados".*

Pero ¿Y la fe del paralítico dónde está? Miren hermanos, no sabemos si tenía fe o no. Pero en ese momento el hombre estaba tan mal, tan desanimado y hundido, que dependía de otras personas. Y así nos pasó a nosotros, ¿verdad? Cuando vinimos al Señor, alguien nos habló y nos llevó a Él. Dependíamos de alguien. Y este pobre hombre ni siquiera podía caminar. No tenía fe, no tenía ilusión en la vida, no tenía nada.

Marcos 2:6-9: *"Estaban allí sentados algunos de los escribas, los cuales cavilaban en sus corazones: ¿Por qué habla éste así? Blasfemias dice. ¿Quién puede perdonar pecados, sino sólo Dios? Y conociendo luego Jesús en su espíritu que cavilaban de esta manera dentro de sí mismos, les dijo: ¿Por qué caviláis así en vuestros corazones? ¿Qué es más fácil, decir al paralítico: Tus pecados te son perdonados, o decirle: Levántate, toma tu lecho y anda?".*

Si yo le preguntara a usted: ¿Para usted qué es más fácil? ¿Decirle a una persona: "Te perdono tus pecados", o decirle a un paralítico: "Levántate, toma tu lecho y anda"?

Pero para el Señor no hay nada difícil. Él no emplea la palabra difícil. Él pregunta: "¿Qué es más fácil?". "Pero ¿cómo qué es más fácil?". "Si, para mi es igual. Me da lo mismo resucitar un muerto, que calmar una tempestad, que echar fuera dos mil demonios, que levantar un paralítico. Me da igual, para mi todo es fácil. Yo no tengo ningún problema, lo difícil lo ponen ustedes".

Entonces, dice la Biblia que Jesús le dijo a ese hombre: "Levántate, toma tu lecho y anda". Y ese hombre que vino cargado por cuatro personas, que no dependía de sí mismo sino de la ayuda externa de otros amigos, se marchó caminando.

Eso es lo que ha ocurrido en nuestra vida y es lo que tiene que ocurrir. Venimos al Señor con necesidades, con dudas, con problemas, con traumas, con ataduras, con lo que usted quiera. Y alguien nos habló del Señor, nos invitó a la iglesia, nos testificó, nos sembró la semilla, la Palabra. Y venimos así, como ese hombre, sin poder movernos, atados con un montón de historias. Pero llega un momento en el que el Señor nos desata, nos libera, nos resucita, nos da vida otra vez, y podemos caminar. Y entonces, como aquel hombre, ya no tenemos que volver a usar la camilla porque eso forma parte del pasado.

Ahora él iba por las calles, diciendo: "Yo estaba un día paralítico y ahora puedo caminar; puedo ayudar a otras personas". Eso es lo que tiene que ocurrir en nuestra vida. Y darnos cuenta de que a lo mejor tenemos que ayudar a un hermano y decirle: "Mire, hermano, así no se hace o así no se habla. ¿Cómo le voy a preguntar a usted todos los días: "¿Como está?". Y que usted siempre me diga: "Aguantadito" No, aquí no se habla así. Aquí "aguantadito" no hay nadie. Se tiene que hablar victoriosamente.

— "¿Cómo está?"
— "¡Ay! Me duele aquí, me duele allá…"
— "No, yo no le estoy preguntando qué es lo que le duele, le estoy preguntando cómo está".
— "Ah, perdón…" .

Y aunque a usted le duela, no vamos a contar nuestras tragedias sino que vamos a contar nuestras victorias. Porque las tragedias se quedan en casa, pero las victorias hay que compartirlas. Cuando el Señor tenía problemas, ¿a dónde se iba? A la intimidad, a orar al Padre. Y cuando le llamaban salía, porque lo estaban llamado. No al revés. ¿Se dan cuenta?

Capítulo 13:
Venciendo los rugidos del león

Amados hermanos, con estas historias, estos capítulos y estos pasajes que hemos leído a lo largo de este libro, hemos visto algo muy importante. Y es que el enemigo siempre estará ahí, siempre estará a la puerta, al acecho... La Biblia dice: "Como león rugiente"[13].

En una iglesia a la que fui una vez alguien decía: "Cuidado hermanos, porque el león, el diablo está como león crujiente". Como león crujiente, en vez de rugiente, hermanos. Y todo el mundo se reía. E insistía: "Sí, sí, no se rían, está crujiente". Y yo le respondí: "¿Ah sí? crujiente estás tú".

Saben una cosa, queridos hermanos. El enemigo siempre ha estado ahí, porque tiene más años que la Iglesia. El diablo tiene más años que todos y cada uno de nosotros. Pero en la Biblia, el Señor dice que lo ha vencido; que lo ha derrotado de una vez y para siempre. Entonces, ¿por qué está suelto? ¿por qué sigue tentándonos? ¿por qué sigue complicándole la vida a las naciones? ¿por qué sigue hurtando, matando y destruyendo? Pues porque es un condenado a muerte que está gozando temporalmente de su

---

[13] Referencia bíblica: 1ª Pedro 5:8: "Sed sobrios, y velad; porque vuestro adversario el diablo, como león rugiente, anda alrededor buscando a quien devorar".

libertad condicional. Y como es un ser tan maligno y perverso que nunca va a cambiar, porque no quiere cambiar, todavía sigue haciendo de las suyas.

He tenido, digamos, varias experiencias, en ese mundo espiritual, ministrando a personas poseídas. Sí, poseídas por demonios. Porque hoy en día existen personas a nuestro alrededor que tienen gravísimos problemas espirituales. Hablemos claro, son personas que viven atormentadas, gente que vive con unos problemas tremendos. Y que muchas veces, digamos, se les cataloga o se les dice que son "personas con problemas mentales o psicológicos". Pero una cosa son los problemas mentales, psicológicos, que lógicamente tienen tratamiento, y otra cosa son los problemas espirituales.

Durante el ministerio del Señor Jesucristo, mucha gente endemoniada se manifestaba. Y durante el ministerio de los apóstoles, en el libro de los Hechos, exactamente igual.

Una de las experiencias que quedó muy grabada en mi mente fue cuando un día, en Ezeiza, Buenos Aires, Argentina, estaba orando por varias personas desde la plataforma y se me lanzó un chico. Comenzó a intentar asfixiarme, apretándome el nudo de la corbata. Y oramos e hicimos lo que dice la Biblia: en el nombre de Jesús, tomamos autoridad. "En mi nombre echarán fuera demonios"[14]. Oramos por ese chico, y automáticamente quedó liberado. Y lo llevamos a Cristo para que pudiera mantener esa victoria recién obtenida. Después, hablando con él, nos contó que mantuvo relaciones sexuales con prostitutas que practicaban brujería, hechicería y todas estas ciencias ocultas, y por eso quedó totalmente tomado por demonios.

Hemos tenido también personas aquí en Canarias por las que hemos tenido que orar, a veces durante días, para que fueran liberadas de demonios. Personas que han sido

---

[14] Referencia bíblica: Marcos 16:17: "Y estas señales seguirán a los que creen: En mi nombre echarán fuera demonios; hablarán nuevas lenguas…".

atormentadas durante años, a veces desde pequeños o desde niños prácticamente. Hemos orado por ellos y esos sueños, esas pesadillas, esos ruidos, esas sombras, esos objetos que se movían, automáticamente desaparecieron.

Es decir, no podemos ignorar la realidad del mundo espiritual, hermanos, y más en estos tiempos en los que estamos viviendo. Tiempos en los que a veces lo natural, lo que vemos, es como una especie de máscara que oculta una realidad, un trasfondo espiritual. Por eso creo que, como nunca antes, el don de discernimiento de espíritus es más que necesario. Porque sin lugar a duda, hoy estamos viviendo tiempos en los que se mezclan verdades con mentiras. En los que en las iglesias se introducen auténticas herejías. Personas camufladas de pseudo apóstoles, pastores, profetas y maestros, etc. que pueden entrar en las congregaciones y hacer mucho daño. Hace falta mucho discernimiento espiritual y mucho conocimiento de la Escritura para poder discernir cuándo un problema es físico, espiritual o psicológico; porque el tratamiento no es igual. No se puede tratar a una persona con un problema psiquiátrico o psicológico igual que a una persona con problemas espirituales de demonios. Y vuelvo a repetir, hoy en día en nuestros países y en nuestras culturas (en el continente europeo y en todas partes del mundo), existen personas con graves problemas de demonios.

Nunca olvidaré cuando un día en una ciudad de Kenia, en África, en una ciudad llamada Malindi, me encontraba en la calle y vino corriendo hacia mi un chico de color, a toda velocidad. Y cuando estaba casi como a un metro de distancia, cayó desplomado al suelo y comenzó a decirme en un perfecto castellano: "Te conozco, te conozco, este territorio es mío, me pertenece, vete de aquí". ¿Qué les parece? En Kenia se habla inglés o se habla *suajili*, y este muchacho o esos demonios que habitaban en ese chico, me reconoció y comenzó a hablar en un perfecto castellano. En fin, cosas tremendas que no voy a mencionar ahora.

Un día volando en avión a la Península, concretamente a Málaga, a un congreso al que me habían invitado, había una persona delante de mí que comenzó a transformarse. Su voz cambió radicalmente, comenzó a manifestarse y comenzó a decirme todo tipo de palabras: que me conocía, que sabía quién era, etc. Y las personas que estaban a mi lado comenzaron a llorar muy asustadas. Tuvo que venir la azafata y, bueno...

Estas situaciones que les estoy comentando son reales, muy reales. No las buscamos, pero la luz siempre atrae a los mosquitos. Y donde lay luz, la luz de Cristo, la luz del Evangelio, siempre de una manera u otra, se acercará el enemigo sutilmente o abiertamente, a tratar de impedir que se esté predicando la Palabra. Así como muchas veces ha ocurrido en las campañas evangelísticas que durante tantos años he hecho en diferentes lugares. Personas que se manifestaban públicamente con alaridos, revolcándose por el suelo, porque no querían que se predicara el Evangelio en ese lugar; en esa ciudad; en ese barrio...

Pero el diablo ya no tiene ningún poder ni tiene ninguna autoridad sobre su vida. Es decir, que ahora el Señor está con usted y le dará la fuerza y la capacidad para decirle al enemigo: "Ahí te quedas quieto y ya no me vas a molestar nunca más. Y a partir de ahora, el que me vas a tener miedo es tú a mí y ándate con ojo que te voy a dar una que te vas a enterar". Así de claro, hermanos. Ahora bien, no digan: "Es que el diablo me tentó; es que el diablo me atacó; es que el diablo no se qué". Porque el diablo les dirá: "Venga, sigue, sigue, sigue" …

Tenía un amigo al que una vez le dije: "Mira amigo, o cambias o te cambio yo como sea". Porque veía pasar una gaviota (en Galicia hay millones de gaviotas, hermanos), y decía: "¿Qué me quieres decir, Señor?". O se le caía la cuchara, y decía: "Cuchara, cuchara, cu, cu, ca, cu; alguien está hablando de mí". Así que le dije: "¡Tú no puedes ir así por la vida, hermano! Cuchara, tenedor, y el día que se te caiga la plancha ¿qué dirás? No, aquí esta la Palabra y aquí está lo que el Señor quiere decirle a tu vida".

Si usted se agarra al Señor y por la mañana le dice: "A ver, Señor, ¿qué me tienes que decir hoy?". Antes de poner el WhatsApp. "¿A ver cuántos WhatsApp tengo?". No, apáguelo un momentito y dígale al Señor: "¿Qué me quieres decir?". Estoy seguro de que el Señor le dirá algo que edificará su vida: "Nadie te podrá hacer frente en todos los días de tu vida; como estuve con Moisés, estaré contigo; no te dejaré, ni te desampararé" (Josué 1:5).

Si usted se acostumbra a romper con esos hábitos de miseria y comienza a sembrar fe, y comienza a vivir en fe, usted va a vivir de forma diferente. ¿Sabe por qué? Porque usted tiene un Dios diferente, tiene al Dios todopoderoso, al Señor de señores y al Rey de reyes.

Y hoy no termina este libro, hoy empieza. Hoy empieza en su vida el resultado de lo que aquí se ha enseñado. Porque de nada sirve haber estado leyendo y diciendo "gloria a Dios, Aleluya", si después volvemos otra vez a lo mismo. No, hoy empieza el cambio en su vida. Cuando llegue a su casa, sus hijos, su esposa, sus padres, sus hermanos... le tienen que oír hablar y vivir de una forma diferente. Porque el Señor le va a llevar de victoria en victoria y de gloria en gloria. Pero le va a llevar si usted quiere ser llevado por ese camino.

No quisiera terminar este libro sin antes levantar una oración al Señor por su vida:

Padre Santo, bendigo a quien haya leído este libro. Y te pido también que nunca olvidemos que Amalec está a la puerta acechando, que es un enemigo que no tiene piedad, que aprovecha la mas mínima ocasión para complicarnos la existencia. Pero lo hemos desenmascarado, hemos descubierto que en la frialdad, en el distanciamiento, en la lujuria, y en tantas áreas se siente fuerte. Pero no le vamos a dar lugar, porque hemos descubierto que es un enemigo perverso. Hemos descubierto que Satanás se camufla y viene a veces a sembrar una palabra que nos hace titubear, pero Señor cerramos las puertas en este momento. En el nombre poderoso de Jesús cerramos todo pensamiento, toda puerta que hayamos abierto en el pasado al pecado, a la mentira, a la lujuria, a la desobediencia, etc. Y reconocemos que así como abrimos esa puerta, también la podemos cerrar. Cerramos la puerta al miedo, a la superstición... cerramos toda puerta al enemigo en el nombre de Jesús. Somos pueblo santo, escogido, llamado y limpiado por la sangre de Cristo para marcar una diferencia en este mundo. No nos dejaremos afectar por el ambiente que nos rodea porque tu Palabra nos dice que estás con nosotros. Renunciamos a todo deseo de volver atrás, en el nombre de Jesús declaramos la victoria de nuestro Señor, amén.

Biografía del autor

El Pastor José Manuel Sierra o Manolo Sierra como también se le conoce, nació el 2 de octubre del año 1961. Entregó su vida a Cristo siendo muy joven y al poco tiempo recibió el llamado del Señor para servirle en su obra. Por lo que inmediatamente estudió en el Seminario Teológico de Las Palmas de Gran Canaria graduándose el día 31 de mayo de 1981. Desde entonces comenzó su ministerio como evangelista en diferentes lugares de España y Argentina junto con su esposa Elena, y sus hijas Priscila y Miriam.

En obediencia al llamado que el Señor puso en su corazón, se trasladó junto con su familia a las Islas Canarias, donde fundó el Centro Evangélico Vida Nueva en Santa Cruz de Tenerife, el cual sigue pastoreando hasta el día de hoy.

El Pastor Manolo Sierra siempre se ha caracterizado por ser un hombre apasionado por el estudio e investigación de las Sagradas Escrituras, incluso llegando a dominar el hebreo bíblico. Su principal anhelo es favorecer a que el mayor número de personas posible sean capaces de alcanzar un nivel superior de conocimiento del Señor a través de su Palabra.

Los canales de YouTube y Facebook de la iglesia son de los más visitados por la comunidad cristiana evangélica del mundo hispano hablante.

Pues, para muchos, las predicaciones del Pastor Manolo Sierra contienen un mensaje muy adecuado para el pueblo de Dios en la actualidad.

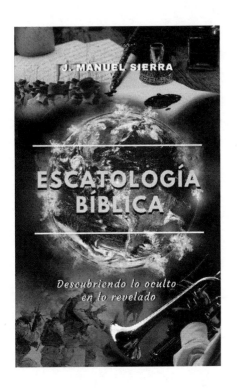

Escatología Bíblica

Siempre que nos acercamos al libro de Apocalipsis surgen preguntas: ¿Pasará la iglesia por la Gran Tribulación? ¿Cuál es el significado de los siete sellos, las siete trompetas, y las siete copas? ¿Quiénes son los dos testigos? ¿Cómo será el reino milenial de Cristo?

Para dar respuesta a estas y otras muchas preguntas, le presentamos el libro de Escatología Bíblica del Pastor José Manuel Sierra. Quien ha dedicado más de cuarenta años de su ministerio a "descubrir lo oculto, en lo revelado".

Disponible en español, inglés, italiano o portugués en la plataforma de Amazon o en el siguiente link:

https://mybook.to/escatologiabiblica

Hermenéutica y Homilética

El pastor José Manuel Sierra nos presenta dos volúmenes en un solo libro: "Hermenéutica y Homilética". A través de esta obra, usted tendrá en sus manos las herramientas indispensables para realizar una correcta interpretación de cualquier texto bíblico, tanto si es conocedor o no de las Sagradas Escrituras. Además, el pastor Sierra nos ofrece las claves en el arte de la predicación que ha ido perfeccionando durante sus más de cuarenta años de ministerio. Las cuales harán que usted esté capacitado para exponer todo este conocimiento de una manera dinámica y efectiva.

Puede adquirir el libro en español, inglés, italiano y portugués a través de la plataforma de Amazon o directamente a través del siguiente link: https://mybook.to/hermeneuticahomiletica

Educación Cristiana

Mediante la lectura de estas páginas, podrá ver como el Pastor Manolo Sierra (autor de los *bestsellers*: Escatología, Hermenéutica y Homilética, Demonología y Mi devocional diario), relata detalladamente los principales conflictos que suelen surgir en las congregaciones, los cuales ha dividido en tres niveles que dan nombre al subtítulo de este libro: "Mi relación con Dios, con mi prójimo y conmigo mismo". Donde, además, basándose en la Palabra de Dios, analiza las causas y detalla las salidas o soluciones a dichos problemas. Su propósito principal es provocar una madurez o crecimiento en la vida espiritual de todo aquel que adquiera y aplique los principios explicados en esta enseñanza.

Puede adquirir el libro a través de la plataforma de Amazon o directamente a través del siguiente link:
https://mybook.to/educacioncristiana

Made in the USA
Las Vegas, NV
14 January 2025

9f8c56a9-e7f1-43bf-a649-679fb23c8ebcR02